CHRISTIAN MAIR

EINFÜHRUNG IN DIE ANGLISTISCHE SPRACHWISSENSCHAFT

ANGLISTIK UND AMERIKANISTIK

Einführungen in Gegenstand, Methoden und Ergebnisse
ihrer Disziplinen und Nachbarwissenschaften

WISSENSCHAFTLICHE BUCHGESELLSCHAFT
DARMSTADT

CHRISTIAN MAIR

EINFÜHRUNG IN DIE ANGLISTISCHE SPRACHWISSENSCHAFT

WISSENSCHAFTLICHE BUCHGESELLSCHAFT
DARMSTADT

Einbandgestaltung: Neil McBeath, Stuttgart.

Die Deutsche Bibliothek – CIP-Einheitsaufnahme

Mair, Christian:
Einführung in die anglistische Sprachwissenschaft /
Christian Mair. – Darmstadt: Wiss. Buchges., 1997
(Anglistik und Amerikanistik)
ISBN 3-534-12970-9

Bestellnummer 12970-9

Gedruckt auf säurefreiem und alterungsbeständigem Werkdruckpapier
Satz: Hermenau/Rasenberger, Kassel
Druck und Einband: VDD - Darmstadt
Printed in Germany
Schrift: Garamond, 9.5/11

ISSN 0174-2094
ISBN 3-534-12970-9

Inhalt

I. Einleitung

1. Vorbemerkung

Der Titel des vorliegenden Buches verspricht eine kurze „Einführung in die anglistische Sprachwissenschaft" und ist damit doppeldeutig. Handelt es sich um eine Einführung in die Sprachwissenschaft, die für Anglisten verfaßt ist und sich von anderen Einführungen in die Sprachwissenschaft nicht grundlegend, sondern vielleicht nur durch Bevorzugung englischen Beispielmaterials unterscheidet? Oder handelt es sich um eine Einführung in ein Gebiet, das sprachwissenschaftliche und anglistische Fragestellungen auf interdisziplinäre Weise verbindet, also eine sprachwissenschaftliche Anglistik? Das Buch wird zeigen, daß diese Frage nicht immer leicht zu beantworten ist, aber vielleicht macht gerade das den Reiz des Gebietes aus.

Die „sprachwissenschaftliche Anglistik", in die das vorliegende Buch einführen soll, ist zugleich weniger und mehr als die allgemeine Sprachwissenschaft, die in unseren Universitäten ihren Platz in den Instituten für Sprachwissenschaft oder Linguistik hat. Sie ist weniger, weil in einem Studium, das sprachpraktische, sprachwissenschaftliche, literatur- und kulturkundliche Elemente miteinander verbindet, für viele sprachwissenschaftliche Fragestellungen einfach kein Platz ist. Weder Studierende der Anglistik noch ihre Dozentinnen und Dozenten können sich üblicherweise mehr als oberflächlich mit Problemen beschäftigen wie den Unterschieden zwischen tierischen Kommunikationssystemen und menschlichen Sprachen, dem kindlichen Spracherwerb oder den universellen Gemeinsamkeiten hinter der Vielfalt grammatischer Systeme, die sich in den Sprachen der Welt finden. Und dennoch sind diese drei Fragenkreise – neben vielen anderen, die in der Anglistik kaum je berührt werden – von zentraler Bedeutung für die allgemeine Sprachwissenschaft.

Dies verdammt die Halbtagslinguisten aus den Englischen Seminaren allerdings nicht von vornherein zu einer kümmerlichen Existenz im Schatten derer, die die Sache ernsthaft betreiben. Die sprachwissenschaftliche Anglistik hat in manchen Bereichen einen weiteren Horizont als die allgemeine Sprachwissenschaft, gerade weil sie in den interdisziplinären Kontext eines philologischen Einzelfaches eingebettet ist. Studierende der Anglistik sind Sprachlerner auf sehr hohem Niveau. Die theoretische Beschäftigung mit Struktur und Funktion der Fremdsprache erleichtert die realistische Einschätzung der eigenen Kenntnisse und ist damit eine wichtige Voraussetzung für weitere Lernfortschritte – ganz zu schweigen davon, daß zukünftige Englischlehrer ihren Schülern das an die jeweilige Alters- und Lernstufe angepaßte Regelwerk nur dann in geeigneter Weise beibringen können, wenn sie wissen, was sie vereinfachen. Auch liefert die anglistische Alltagserfahrung dem in diesem Fach tätigen Linguisten ständig neue interessante Daten und anspruchsvolle Herausforderungen. Umfassende und allgemein akzeptierte Beschreibungen so „typisch englischer" Strukturen wie des *get*-Passivs oder der *have a think*-Konstruktion stehen zum Beispiel noch aus. Warum können wir statt *Susan was promoted earlier than her colleagues* auch *Susan got promoted* sagen, nicht aber **Susan got born in Detroit in 1965*[1] (für *Susan was born*)? Warum sind *let's have a think about it*, *let's have a try* und viele andere ähnliche Formen gebräuchlich, nicht aber **let's have an eat* oder **let's have a discuss*? Wer selber seine Kenntnisse im Englischen vervollkommnen oder anderen die Sprache beibringen will, muß sich wohl oder übel mit den vielfältigen Erklärungsfaktoren auseinandersetzen, die bei der Beantwortung dieser Fragen eine Rolle spielen. Die intensive Beschäftigung mit fremdsprachiger Literatur schließlich schärft den Blick für Stilfragen – ein vernachlässigtes Randgebiet der allgemeinen Linguistik – und wird so zum ständigen studienbegleitenden Härtetest für die in sprachwissenschaftlichen Lehrveranstaltungen präsentierten Beschreibungsmodelle.

Die Konzentration auf sprachwissenschaftliches Arbeiten im Kontext des philologischen Einzelfaches Anglistik prägt somit die Schwerpunktsetzungen, die in diesem Buch vorgenommen werden. Wo andere Einführungen der Frage, was Sprache denn eigentlich sei, und dem Überblick über die wichtigsten Theorien, Schulen und Modelle in der Linguistik des 20. Jahrhunderts jeweils mindestens ein umfangreiches Kapitel widmen, werden wir uns auf einige terminologische Klärungen und Literaturverweise bzw. einen auf die Anglistik bezogenen kurzen

[1] Ein Sternchen (engl. *asterisk*) vor einem Beispielsatz oder -ausdruck zeigt an, daß die entsprechende sprachliche Struktur nach den Regeln der Grammatik nicht möglich ist. Diese Konvention gilt allerdings nicht für die historische Sprachwissenschaft, denn dort bezeichnet das Sternchen Formen, die mit großer Wahrscheinlichkeit erschlossen oder rekonstruiert werden können, aber nicht tatsächlich belegt sind. In all den Zweifelsfällen, in denen Informantenurteile unklar ausfallen, behilft man sich im allgemeinen mit einem Fragezeichen anstelle des Sternchens.

historischen Abriß beschränken. Das Beispielmaterial hingegen wird das in anderen einführenden Werken Gebotene gelegentlich an Schwierigkeit übersteigen, kann Studierenden der Anglistik – auch als Anregung zur eigenständigen Beschäftigung mit der lebenden Vielfalt „ihrer" Sprache – aber durchaus zugemutet werden.

2. Was ist „Sprache"?

Viel Verwirrung bei der Definition des Begriffs „Sprache" läßt sich vermeiden, wenn man systematisch zwischen „Sprache" und „Kommunikation" unterscheidet. „Kommunikation" ist der weitere Begriff und bedeutet „absichtsvolle Mitteilung von Bedürfnissen, Wünschen oder Information". Je nach dem Grad, in dem wir Tieren absichtsvolles Handeln unterstellen, erkennen wir Kommunikation innerhalb einer Art bzw. – man denke an den Hundeblick – über Artgrenzen hinweg. Nonverbale Kommunikation funktioniert über Blicke, Mienenspiel, Gestik und Kleidung. Natürliche menschliche Sprachen dienen zwar in hervorragender Weise den kommunikativen Bedürfnissen der Sprecher, tun dies jedoch auf eine besondere Art. Eine geringe Anzahl von akustischen Einheiten – nennen wir sie vorläufig „Laute" – fügen sich zu einigen tausend bis maximal einigen zehntausend „Wörtern" zusammen, die meist als Symbole für Begriffe dienen. Nach den Regeln der jeweiligen Grammatik lassen sich diese Wörter zu einer unendlichen Anzahl von Sätzen verbinden, die wiederum zu – geschriebenen und gesprochenen – Texten zusammentreten. Grammatik wie Wortschatz enthalten Elemente, die es ermöglichen, mit Hilfe sprachlicher Aussagen den unmittelbaren Horizont der aktuellen Erfahrung zu durchbrechen und auch über räumlich Entferntes, Vergangenes, Zukünftiges oder nur als Möglichkeit Gedachtes zu reden. Damit wird jede Sprache zu einem unbegrenzten Sinnpotential, das weder ein einzelner noch eine ganze Sprachgemeinschaft jemals voll ausschöpfen kann.

Wer nicht glaubt, daß die Grenze zur Unendlichkeit bereits auf der Satzebene durchstoßen wird, möge daran denken, daß die Satzlänge zwar praktisch limitiert ist, theoretisch jedoch durch sogenannte rekursive Einbettung immer weiter getrieben werden kann. Wer hätte etwa dem rumänisch-französischen Dramatiker Eugène Ionesco verbieten wollen, noch einen weiteren Relativsatz an die folgende Kette anzuhängen? Oder wer könnte es uns verwehren, in der vorhandenen Kette einzelne der (oder all die) Sätze ins Passiv zu setzen, bei denen dies möglich ist?

HAUPTMANN: [...] Mein Schwager hat väterlicherseits einen leiblichen Neffen, dessen Onkel einen Schwiegervater hatte, von dem ein Großvater in zweiter Ehe eine junge Einheimische heiratete, deren Bruder auf einer weiten Reise einem Mädchen begegnete, in das er sich verliebte und mit ihr einen Sohn zeugte, der seinerseits eine mutige Apothekerin zur Frau nahm, welche niemand anderes war als die Nichte eines unbekannten Quartiermeisters der britischen Marine, deren Adoptivvater eine Tante aufwies, welche fließend spanisch sprach und die vielleicht eine der Enkelinnen eines frühverstorbenen Ingenieurs gewesen war, der wiederum der Enkel eines Rebenbesitzers war, der zwar einen mittelmäßigen Wein züchtete, dafür aber einen Großneffen hatte, dessen Sohn eine ausnehmend hübsche, junge, aber geschiedene Frau ins Ehebett bekam, deren erster Gatte der Sohn eines aufrichtigen Patrioten war, der es verstanden hatte, seine andere Tochter im Wunsche, ein Vermögen zu gewinnen, groß zu ziehen, und die einen Jäger heiraten durfte, der Rothschild gekannt hatte und dessen Bruder, nach öfterem Berufswechsel, sich dann doch verehelichte, eine Tochter bekam, deren schmalbrüstiger Urgroßvater eine Brille trug, die ihm ein eigener Neffe geschenkt hatte, nämlich der Schwager eines Portugiesen, der natürliche Sohn eines nicht sehr armen Müllers, dessen Milchbruder die Tochter eines ehemaligen Landarztes zur Frau genommen hatte, der selber der Milchbruder des Sohnes eines Milchmannes gewesen war, der sich später als natürlicher Sohn eines andern Landarztes herausstellte, der sich dreimal verheiratete und dessen dritte Frau ...

HERR MARTIN: Ich habe diese dritte Frau gekannt, wenn ich mich nicht irre.[2]

Der Witz (für alle die, die Sinn für diese Art von Humor haben) besteht darin, daß kein Mensch mit dem Kurzzeitgedächtnis ausgestattet ist, das nötig wäre, um wie Herr Martin die Äußerung des Hauptmanns an dieser Stelle mit einem Einwurf zu unterbrechen. Aber rein grammatisch stimmt alles. Oder – für alle die, die den Beweis für die Unerschöpflichkeit unserer Sprachen einfacher haben wollen: Da alle lebenden Sprachen neue Wörter bilden oder aus anderen Sprachen übernehmen können, herrscht auch bei primitiven Kurzsätzen potentiell bereits eine unendliche Vielfalt.

Der soeben ausgeführte Gedankengang hilft uns auch, den Unterschied zwischen den natürlichen menschlichen Sprachen, dem Gegenstand der Sprachwissenschaft, und anderen Zeichensystemen zu erfassen, die bildhaft ebenfalls als „Sprachen“ bezeichnet werden, etwa den Programmiersprachen für Computer. Diese operieren zwar durchaus mit der Verknüpfung symbolischer Begriffe, die sie auch zu unendlichen Ketten (im oben beschriebenen Sinn) aneinanderreihen können, doch sind sie dennoch dem Schachspiel vergleichbare geschlossene Systeme,

[2] Ionesco, „Die kahle Sängerin“, in: *Theaterstücke*, übertragen von Serge Stauffer, Darmstadt: Luchterhand, 1959, p. 30f.

weil ihnen die Flexibilität, Unschärfe und Wandelbarkeit menschlicher Sprachen fehlt, mit denen diese sich an eine sich verändernde Umwelt anpassen.

Aber auch nachdem man natürliche Sprachen von anderen menschlichen Kommunikationssystemen, von den sogenannten tierischen Sprachen oder von Kunstsprachen wie den Programmiersprachen der Informatik getrennt hat, behält der Begriff „Sprache" eine schillernde Vielfalt. Wir beziehen uns auf „die Sprache Shakespeares" ebenso wie auf „die Sprache von *Romeo and Juliet*". Wir sprechen von der englischen Sprache ebenso wie „der Sprache" als artspezifischem Merkmal des Menschen - ein Ausdruck, der wohl alle historischen und gegenwärtigen Einzelsprachen einschließt.

Zur Klärung unseres Verständnisses soll hier ein Begriffspaar eingeführt werden, das der Schweizer Ferdinand de Saussure (1857-1913), der weithin als Begründer der modernen Linguistik angesehen wird, geprägt hat. Er unterscheidet die Ebene der *langue* (im Deutschen als „Sprachsystem" übersetzbar) von der Ebene der *parole* (dt. „Rede"), die er als die Realisierung der uns allen gegebenen muttersprachlichen Ausdrucksfähigkeit in der konkreten Sprechsituation begreift. Um den Kontrast an einem Beispiel zu illustrieren: Ein übermüdeter und betrunkener deutscher Autofahrer, der von der Polizei angehalten wird, mag Äußerungen produzieren, die Versprecher, Stammeln und andere Redephänomene enthalten. Diese sind - wiewohl Teil der Äußerung - eher Gegenstand psychologischer und physiologischer als linguistischer Forschung. Durch Abstraktion von Sprecher und Kontext läßt sich eine gereinigte Fassung der Äußerung produzieren - etwa: „Entschuldigen Sie, ich kann nicht betrunken sein, denn ich habe nur ein kleines Pils zum Essen zu mir genommen" -, die sich nach den phonetischen, grammatischen und semantischen Kategorien des deutschen Sprachsystems, also auf der Ebene der *langue*, analysieren läßt.[3]

Ähnlich wie Saussure hat auch ein weiterer bekannter Sprachwissenschaftler, der Amerikaner Noam A. Chomsky (geb. 1928), versucht, den engeren Gegenstandsbereich der Sprachwissenschaft zu beschränken, indem er mit dem Sprechen/Schreiben unmittelbar verbundene, aber für Sprache nicht konstitutive Erscheinungen von der Untersuchung ausschließt. Sprachliches Verhalten (engl. *performance*) bzw. seine Produkte, geschriebene und gesprochene Texte, seien zwar die Form, in der der

[3] Neben den Begriffen *langue* und *parole* führt Saussure noch den Terminus *langage* zur Bezeichnung der menschlichen Sprachfähigkeit vor ihrer einzelsprachlichen Ausdifferenzierung ein.

Linguist mit seinen Daten direkt in Berührung komme, doch seien solche Performanzdaten nur eine unvollkommene und in Teilen sogar verzerrende Widerspiegelung der dahinterstehenden einzelsprachlichen Sprachfähigkeit (engl. *competence*). Nur diese „Kompetenz" sei jedoch der eigentliche Untersuchungsgegenstand der Sprachwissenschaft.

Wie bei allen streng binären Einteilungen, die auf natürliche Phänomene angewendet werden, ergeben sich auch bei der Arbeit mit den Gegensatzpaaren *langue* und *parole* bzw. *Kompetenz* und *Performanz* gewisse Probleme, doch als Hilfsbegriffe bei der ersten wissenschaftlichen Annäherung an das komplexe Phänomen „Sprache" sind sie durchaus sinnvoll. Die Linguistik befaßt sich, wie wir sehen werden, mit *langue* und *parole*. Einen Alleinvertretungsanspruch kann sie allerdings nur für den erstgenannten Bereich erheben: Hier wendet sie ihre Methoden am erfolgreichsten an und liefert auch die exaktesten Beschreibungen. Beim Studium von *parole*-Phänomenen ist sie auf die Zusammenarbeit mit anderen geistes-, sozial- und naturwissenschaftlichen Disziplinen angewiesen.

3. Philologie, Sprachwissenschaft, Linguistik, Semiotik

Schon lange vor einer im engeren Sinne wissenschaftlichen Beschäftigung mit Sprachen haben Menschen über sprachliche und sprachwissenschaftliche Probleme nachgedacht. Die Entstehung der Sprachen bzw. die menschliche Vielsprachigkeit ist Gegenstand mythischen und religiösen Denkens – in unserem Kulturkreis etwa in der Erzählung vom Turmbau zu Babel, in der die Sprachenvielfalt auf der Welt als Strafe Gottes für menschlichen Hochmut erklärt wird. Platos philosophischer Dialog „Kratylos" befaßt sich unter anderem mit der Frage, ob die Lautgestalt der Wörter willkürliche menschliche Konvention sei – die moderne Sprachwissenschaft geht davon aus – oder ob sie in irgendeiner Form die Natur der Dinge widerspiegele. Schon im 1. Jahrhundert v. Chr. verfaßte der Thraker Dionysios eine Grammatik des Griechischen, um Anderssprachigen das Erlernen einer der Weltsprachen der damaligen Zeit zu erleichtern und das Verständnis der in griechischer Sprache geschriebenen Literatur zu fördern.[4] Er wurde mit diesem Werk gleichzeitig Ahnherr der schulgrammatischen Tradition, die den Fremdsprachenun-

[4] Dies war nicht zuletzt deswegen erforderlich, weil sich das Griechische der hellenistischen Epoche schon beträchtlich von der Sprache der homerischen Epen entfernt hatte.

terricht fast bis in unsere Tage prägte. Sprachwissenschaftliche Erkenntnisse von zum Teil beachtenswertem Rang sind aus China, aus dem arabischen Raum und vor allem aus dem alten Indien überliefert, wobei fast immer das Bedürfnis, hochgeschätzte literarische und kultische Texte in ihrer Reinheit zu bewahren und Nachgeborenen zugänglich zu machen, die Triebfeder der sprachwissenschaftlichen Interessen war.

Die wissenschaftliche, institutionell an Universitäten verankerte Beschäftigung mit Sprachen beginnt jedoch erst im 19. Jahrhundert – zuerst als einzelsprachliche Philologie in enger Verbindung mit dem literaturwissenschaftlichen Studium von Texten aus der Antike, dem alten und modernen Orient sowie dem europäischen Mittelalter, dann zunehmend verselbständigt als historisch-vergleichende Sprachwissenschaft. Einen der größten Triumphe dieser Forschungsrichtung stellt die Erhellung der Zusammenhänge zwischen den einzelnen indoeuropäischen Sprachen dar, die im Laufe des 19. Jahrhunderts geleistet wurde. Eine wichtige Trendwende – weg vom historischen Studium der Sprachen und hin zu einer Untersuchung gegenwärtiger Sprachen als funktionierende Systeme – wird am Beginn unseres Jahrhunderts durch den schon erwähnten Ferdinand de Saussure eingeleitet. Diese Forschungsrichtung bezeichnet man als allgemeine Sprachwissenschaft, als deskriptiv-strukturalistische Sprachwissenschaft – deskriptiv, weil es um die Beschreibung der Sprachdaten geht und nicht um ihre stilistische oder anderweitige Bewertung, und strukturalistisch, weil das Sprachsystem als zum jeweiligen Zeitpunkt funktionierende Ganzheit und nicht die individuelle Geschichte seiner Bestandteile im Mittelpunkt steht – oder einfach als (moderne) Linguistik. Eine begriffliche Unterscheidung zwischen Sprachwissenschaft und Linguistik ist gelegentlich versucht worden, konnte sich jedoch nicht durchsetzen, unter anderem wohl deshalb, weil sie in den europäischen Nachbarsprachen des Deutschen nicht vollzogen wird: Sowohl englisch *linguistics* wie französisch *(la) linguistique* bezeichnen als jeweils allein zur Verfügung stehende Begriffe die Gesamtheit dessen, was im Deutschen mit *Sprachwissenschaft* oder *Linguistik* gemeint ist.

Seit den siebziger Jahren wird sprachwissenschaftliche Forschung zunehmend in die Randgebiete des Gegenstands vorangetrieben, so daß die Linguistik in den Augen mancher zum Sonderfall einer Semiotik, einer allgemeinen Lehre von der Verständigung durch Zeichen, wird.

Um zu verdeutlichen, wie sich akademisch-universitäre Sprachwissenschaft von anderen Formen der Beschäftigung mit unseren Sprachen unterscheidet (oder zumindest unterscheiden sollte), abschließend ein illustratives Beispiel: Ein Komitee vorwiegend amerikanischer Autoren und Verleger wurde mit einem Beleg für einen Sprachgebrauch konfrontiert, der sich im Englischen noch nicht vollständig durchgesetzt hat, nämlich der Verwendung von *hopefully* als Satzadverb, wie in *hopefully, the war will soon be ended.* Sidney Greenbaum[5] zitiert einige Reaktionen der Befragten:

> The most horrible usage of our time.
>
> I have sworn eternal war on this bastard adverb.
>
> This one makes me physically ill.

Im Mittelpunkt all dieser Aussagen steht zweifellos ein sprachliches Faktum und somit ein potentieller Gegenstand sprachwissenschaftlicher Untersuchung. Doch die Kriterien der Bewertung sind nicht rein rational. Unter der Annahme, daß dem Wort *hopefully* an sich kein Makel anhaftet – und auch die Kritiker des oben erwähnten Gebrauchs würden es ohne weiteres in anderer grammatischer Funktion, etwa in *I looked at her hopefully*, akzeptieren – ist die vehemente Ablehnung des Beispielsatzes nicht ganz verständlich. Sie beruft sich auf ästhetische Kriterien („most horrible usage"), auf eine wie immer geartete Unzulänglichkeit oder Illegitimität des Ausdrucks („bastard adverb") oder – etwas unglaubhaft – auf körperlichen Ekel, der durch ihn ausgelöst wird.

Die Heftigkeit der Reaktion wird erst verständlich, wenn man bedenkt, daß gewisse Sprachgebräuche im Zusammenleben der Menschen die Rolle einer Punkfrisur annehmen können. Das heißt, sie sind Signale, die zeigen, daß sich derjenige, der sie aussendet, keinen Deut um die Meinung der „respektablen Mehrheit" schert.

Ein englischer Linguist mag die Abneigung gegen das Satzadverb *hopefully* als Privatmann durchaus teilen und es aus seinem eigenen Sprachgebrauch verbannen. Aus beruflicher Sicht müßte er jedoch zu einer rein deskriptiven Einschätzung des Phänomens gelangen, der folgende Einsichten zugrunde liegen:

1) Alle lebenden Sprachen sind einem ständigen Wandel unterworfen, d.h. es ist zu erwarten, daß zu jedem beliebigen Zeitpunkt Formen existieren, die sich noch nicht allgemein durchgesetzt haben bzw. nicht mehr von allen Mitgliedern einer Sprachgemeinschaft gebraucht werden.
2) Die Ablehnung eines Sprachgebrauchs ist oft nicht sachlich begründet, sondern Ausdruck des Bedürfnisses, sich von einer Gruppe abzugrenzen, der man sich nicht zugehörig fühlt und für die man den betreffenden Sprachgebrauch als typisch erachtet.

[5] *Good English and the Grammarian*, London: Longman, 1988, p. 11.

3) Es gibt keine Anhaltspunkte dafür, daß mit der Einführung von *hopefully* als Satzadverb das strukturelle Gefüge des Englischen ins Wanken geriete und die Sprache daher „verhunzt" würde. Ganz im Gegenteil: Alternative Ausdrucksformen für denselben Gedanken – etwa *it is to be hoped that the war will soon be ended* – sind umständlicher als der inkriminierte Sprachgebrauch, und zudem gibt es Dutzende von Beispielen dafür, wie Wörter sowohl als Adverbien der Art und Weise als auch als Satzadverbien fungieren, ohne daß dies irgend jemanden stören würde, z.B. *naturally, honestly* oder *frankly* (vgl. z.B. *naturally, she can't sing* und *she can't sing naturally but only in an affected belcanto way*).

Im folgenden Hauptteil des Buches wollen wir uns in diesem deskriptiv-sprachwissenschaftlichen Geist zuerst der Beschreibung des Sprachsystems auf allen seinen Ebenen – Laut, Wort, Satz – zuwenden und uns dann mit einigen Aspekten der Sprachverwendung befassen, die sich mit sprachwissenschaftlichen Methoden noch einigermaßen genau beschreiben lassen.

4. Woher nehmen Linguisten ihre Daten?

Diese Frage verdient gestellt zu werden, weil – je nach Schule – zumindest vier Quellen für linguistische Daten genutzt werden und, wie leicht zu zeigen ist, die Art der Datengewinnung nicht ohne Einfluß auf die Formulierung der untersuchten Probleme und somit auf die Ergebnisse der sprachwissenschaftlichen Arbeit bleibt.

1) Die muttersprachliche Intuition als Datenquelle:

Muttersprachliche Linguisten nehmen oft Saussure und Chomsky beim Wort und gehen davon aus, daß das, was sie hören und lesen, also beobachten können, der Ebene der *parole* oder *performance* angehört und daher nur mittelbar Rückschlüsse auf das Sprachsystem zuläßt. Ihre eigene muttersprachliche Intuition, ihr Sprachgefühl, bietet – so die Argumentation – einen verläßlicheren und direkteren Zugriff. In der Tat ist der Rückgriff des Muttersprachlers auf sein Sprachgefühl immer eine bequeme und sehr oft auch eine ergiebige Quelle von Daten. Nehmen wir an, wir suchten nach Belegen für den Konstruktionstyp:

I believe her to be honest.

Schon uns als fremdsprachigen Lernern mit nur unvollkommener Intuition für das Englische fallen ohne weiteres zusätzliche Beispiele ein, ohne daß wir uns aus unserem Sessel erheben müßten:

I know her to be honest.

I assume her to be honest.

usw.

Sogar eine Verallgemeinerung – nämlich, daß es sich bei Verben, die diese Konstruktion zulassen, um solche des Denkens handelt – drängt sich auf. Warum also noch lange Zeitungen lesen oder Tonbänder abhören, um noch mehr Belege für eine Konstruktion zu finden, die man auch so beschreiben kann? Und, was fast noch schwerer wiegt, uns fallen ja mit Leichtigkeit Beispiele ein, die wir als mögliche englische Äußerungen erkennen und die wahrscheinlich in tausend Stunden transkribierten Gesprächen und dreißig gelesenen Büchern nicht vorkämen.

Allerdings gibt es Fragestellungen, bei denen das Sprachgefühl des Muttersprachlers eindeutig versagt. Randolph Quirk macht folgendes ironisches Angebot:

> there ought to be a big award for anyone who can describe exactly what makes him say ‚I started to work‘ on one occasion and ‚I started working‘ on another.[6]

2) Elizitation als Datenquelle:

Wer dem Sprachgefühl eines einzelnen nicht traut, kann möglichst viele Sprecher befragen; der Fachbegriff für die systematische Erhebung von Daten mit Hilfe von Informantenbefragung oder Tests ist Elizitation. Nehmen wir an, wir wären mit der durch Sprachgefühl und Introspektion gewonnenen Beschreibung unserer Konstruktion nicht zufrieden und gäben folgenden Lückentest:

I ______ her to be honest

an 1 000 britische Studenten mit der Bitte, jeweils drei mögliche Lösungen anzugeben. Wir würden auf diese Weise bis zu 3 000 Nennungen von Verben erhalten, die wir vielleicht in folgender Reihung auflisten könnten:

want	890
believe	701
expect	631
know	211
assume	210
....	

[6] „Our Knowledge of English“, in Quirk, *The Linguist and the English Language*, London: Arnold, 1974, p. 166–167.

hypothesise	19
see	17
allege	1

Wir erhalten auf diese Weise wahrscheinlich wesentlich mehr Verben, als einem einzelnen Sprecher eingefallen wären. In zumindest einer Hinsicht erweist sich die Elizitationsmethode der Introspektion daher als überlegen. Gleichzeitig haben wir aber auch eine Art statistische Leiter, die eine neue Frage aufwirft. Ist ein Verb, das 890 Befragten einfällt, genauso normal wie eines, das – wie in unserem hypothetischen Beispiel *allege* – nur einem von tausend Befragten in den Sinn kam? Erlauben die Verben mit einer hohen Zahl von Nennungen einen Rückschluß auf eine durch ein kollektives Sprachgefühl gesicherte Kerngrammatik, und sind die mit weniger Nennungen vertretenen dagegen Zweifelsfälle?

Ein grundlegendes Problem bleibt allerdings bestehen. Auch beim Elizitationsverfahren verlassen wir uns auf Intuition, aber eben nicht die eines einzelnen, sondern das Sprachgefühl vieler. Was aber, wenn unsere Ansichten und Urteile über Sprachliches sich nicht mit unserem tatsächlichen Sprachverhalten decken?

3) Sammlung authentischer Textbelege:

Wir sind also wieder bei der Notwendigkeit angelangt, *parole*-Daten zu sammeln und zu analysieren. Dabei lassen sich zwei Wege unterscheiden: die unsystematische Belegsammlung und die systematische Auswertung eines wohldefinierten Korpus von Texten (siehe 4) unten). Beide Verfahren haben ihre je spezifischen Vor- und Nachteile.

Wer eine Seminararbeit über die Konstruktion des Typs *I believe her to be honest* schreibt, kann sich bei seiner üblichen Lektüre und bei Gesprächen, die er auf Englisch führt, auf dieses Konstruktionsmuster konzentrieren und sich authentische Beispiele notieren, eben Belege sammeln. Irgendwann hat er 100 Stück beisammen und würde vielleicht feststellen, daß überproportional viele davon nicht normale einfache Sätze sind, sondern als Relativsätze in andere Sätze eingebettet sind, z.B.:

> tell me about the things you see to be wrong with the university today

Dies ist ein Faktum, das wir, solange wir intuitiv vorgingen, wahrscheinlich übersehen würden. Wenn wir in uns hineinhören, fallen uns eben einfache Hauptsätze eher ein als Relativsätze dieser Art. Auf jeden Fall halten wir fest, daß die Belegsammlung gezeigt hat, daß manche grammatische Konstruktionen bevorzugt in bestimmten Umgebungen auftreten – was immer der Grund dafür sein mag und was immer dieses Faktum zu unserem Verständnis von Grammatik beitragen mag.

4) Systematische Auswertung von Korpora:
Was wir bei der Belegsammlung aber immer noch nicht genau genug wissen, ist, aus wieviel und welcher Art von Material unsere 100 Belege gezogen wurden. Haben wir es mit einer häufigen oder seltenen Konstruktion zu tun? Oder tritt sie vielleicht bevorzugt in bestimmten Genres und stilistischen Registern auf?

Diese Fragen können nur in einer systematischen Korpusanalyse beantwortet werden. Ein Korpus wird dabei definiert als eine Sammlung von Texten, die zum Zwecke der sprachwissenschaftlichen Analyse erstellt wurde. Korpora liegen heute – und das ist eine enorme Arbeitserleichterung – meist in maschinenlesbarer Form vor. Für das Englische gibt es eine große Zahl von solchen computerlesbaren Textkorpora, die in den meisten Universitäten zur Verfügung stehen und deren Benutzung man Studierenden nicht genug ans Herz legen kann. Erstens haben diese Ressourcen praktischen Wert. Wer daran zweifelt, daß eine Korrektur – etwa von *no possibility to criticise the government* zu *no possibility of criticising the government* – zu Recht erfolgte, kann sich innerhalb von Sekunden aus einem geeigneten Korpus 100 Belege für *possibility* suchen und sofort sehen, was die gebräuchliche Konstruktion ist. Zweitens eröffnet der Gebrauch von Korpora den Weg zu „demokratischer" Forschung. Eine Studentin, die eine linguistische Arbeit schreibt, wird weiterhin Sekundärliteratur wälzen müssen, doch wenn sie Zweifel an der Qualität des dort diskutierten Datenmaterials entwickelt, kann sie durch Beibringung von Korpusdaten auch als Nichtmuttersprachlerin fundierte Kritik üben. Drittens schließlich eröffnen Korpora Möglichkeiten, Fragen zu stellen, deren Beantwortung ohne den Computer als Hilfsmittel einfach zu aufwendig wäre. Wer etwa möchte „per Hand" untersuchen, welche der folgenden Konstruktionsvarianten unseres Ausgangsbeispiels in welchen Texttypen wie oft vorkommt?[7]

> I believe her to be honest.
>
> I believe that she is honest.
>
> She is believed to be honest.
>
> It is believed that she is honest.

Als Abschluß für diesen Kurzüberblick über Vor- und Nachteile der vier wichtigsten Methoden der Datengewinnung in der Sprachwissenschaft

[7] Eine subversive Umformulierung dieser Frage ist natürlich: wer wollte dies wissen?

bleibt nur der praktische Rat, keine auf Kosten der anderen auszuschließen und die zu untersuchenden Probleme auf möglichst vielen Wegen anzupacken. Während Introspektion, Elizitation und Belegsammlung seit langem etabliert sind, fristete die Korpuslinguistik ein Kümmerdasein, aus dem sie erst der Einsatz von Computertechnik befreite. Bedingt durch die rasche Entwicklung der Geräte, der Suchsoftware und nicht zuletzt der zur Verfügung stehenden Korpora ist sie in den letzten Jahren zunehmend ins dynamische Zentrum der anglistischen Sprachwissenschaft gerückt. Zwei weit verbreitete Standardkorpora zum geschriebenen amerikanischen und britischen Englisch, die auch Studienanfängern bekannt sein sollten, sind das Brown- bzw. das LOB-Korpus (benannt nach der Brown University in Providence, Rhode Island, und den Orten Lancaster, Oslo und Bergen, deren Hochschulen an der Erstellung beteiligt waren). Den gegenwärtigen Stand anglistischer Korpora markiert das British National Corpus (BNC), das die für Laien fast unglaubliche Menge von 100 000 000 Wörtern, darunter auch hochwertige Transkriptionen spontaner Gespräche, zur Verfügung stellt.

Fachtermini, die in diesem Kapitel eingeführt wurden, und weitere Verweise auf das Glossar:
Allgemeine Sprachwissenschaft, Belegsammlung, Elizitation, historisch-vergleichende Sprachwissenschaft, Introspektion, Kompetenz, Korpus, Korpuslinguistik, *langue*, Linguistik, *parole*, Performanz, Philologie, Semiotik, Sprache.

Weiterführende Literatur zur Korpuslinguistik:

Aijmer, Karin, und Bengt Altenberg, eds. *English Corpus Linguistics.* London: Longman, 1991.

II. Phonetik und Phonologie: die lautliche Seite der Sprachen

Auf die einfache Frage, wieviele Laute das Deutsche oder das Englische denn hätten, geben wir spontan eine ungefähr zutreffende Antwort – „so circa 30 bis 40, oder?“ Beginnen wir dann jedoch mit dem Nachdenken und der Beobachtung, geraten wir bald in einen schlimmen Zustand der Verwirrung. Denn ganz offensichtlich ist das *k*, das in den folgenden Wörtern vorkommt, nicht dasselbe:

kid, kettle, cat, cool, cruel

Das *k* in *kid* wird ziemlich weit vorne im Mund, das *k* in *cruel* weit hinten, und die anderen irgendwo dazwischen gebildet. Und wenn schon ein Sprecher so viele verschiedene *k* hat, wie groß wird ihre Zahl, wenn wir die anderer Sprecher dazurechnen?

Hier entdecken wir erstmals, wie nützlich das in der Einleitung erwähnte Prinzip der linguistischen Abstraktion von den vielfältigen Erscheinungen der Sprachoberfläche zu der klaren Einfachheit des dahinterstehenden Systems – d.h. von *parole* zu *langue* – sein kann. Natürlich ist die Zahl der physikalisch meßbaren Laute unbegrenzt und jede Verfeinerung der Meßgenauigkeit vermehrt die Zahl der Unterscheidungen. Im System der Sprache wichtig ist ein Laut allerdings nur, insofern er bedeutungsunterscheidende Funktion gewinnt. Hier stellen wir fest, daß jedes *k* aus der obigen Reihe durch jedes andere ersetzt werden kann. Verpflanzen wir das *k* aus *cruel* in *kid*, ergibt sich ein unnatürlicher Klang, das Wort bleibt aber verständlich.

Ganz anders bei der Ersetzung des *k* in *cruel* durch *g*: wir erhalten *gruel*, „Haferschleimsuppe“. Die Wörter *cruel* und *gruel* bilden also ein sogenanntes Minimalpaar, d.h. sie unterscheiden sich in einem einzigen Laut und in ihrer Bedeutung. Die Konsonanten *g* und *k* sind – im Rahmen des Lautsystems des Englischen – bedeutungsunterscheidend und werden mit einem entsprechenden Fachausdruck als Phoneme bezeichnet. Weitere Minimalpaare, die den phonemischen Status der beiden Laute belegen, sind zum Beispiel:

ghost – coast

bag – back

und so fort. Man beachte, daß für die Erkennung von Minimalpaaren ausschließlich der Unterschied der Aussprache, nicht jedoch der Unterschied der Schreibung wichtig ist. So handelt es sich beim Paar *see/sea* nicht um ein Minimalpaar, da die beiden Wörter genau gleich ausgesprochen werden (d.h. sie sind homophon). *Write* und *sight* dagegen sind ein Minimalpaar, weil die eklatanten Unterschiede in der Schreibung einen einzigen, den „minimalen" Unterschied in der Aussprache verbergen: [raɪt] gegenüber [saɪt]. Die Priorität der Aussprache gegenüber der Schreibung erklärt auch, warum es einzelne Wortpaare gibt, die im britischen Englisch Minimalpaare sind, im amerikanischen aber nicht (oder umgekehrt). *Aunt* und *ant* zum Beispiel sind in amerikanischer Aussprache homophon, in britischer in genau einem Laut unterschieden, bei *source/sauce* dagegen ist es umgekehrt.

Als Ergebnis dieser Überlegungen können wir festhalten, daß – wie unsere erste Intuition uns eingab – auf der Ebene der Phoneme tatsächlich in jeder Sprache nur eine relativ geringe Anzahl von Unterscheidungen existiert, trotz der unendlichen Vielfalt der physikalisch meßbaren Sprachlaute.

Wir gewinnen eine erste wichtige terminologische Unterscheidung. Die Phonetik definiert sich als Erforschung der Sprachlaute unter einem naturwissenschaftlichen Aspekt. Je nach Orientierung auf die Sprechorgane, die Übertragung der Schallwelle bzw. die Verarbeitung dieser im Ohr unterscheiden wir dabei die artikulatorische, akustische und auditive Phonetik. Phonetiker arbeiten eng mit Medizinern und Physikern zusammen und setzen deren technisches Meßinstrumentarium ein. Die Phonologie hingegen ist ein Teil der Sprachwissenschaft im engeren Sinn, da sie sich mit dem Laut in seiner Funktion im Sprachsystem befaßt. Gemäß einer Notationskonvention schreibt man [p] für den realen, physikalisch meßbaren Laut, /p/ für das Phonem (und <p> für den geschriebenen Buchstaben). Wenn es für ein Phonem kontextspezifische Erscheinungsvarianten gibt, die nach linguistischen Kriterien vorhergesagt werden können, sprechen wir von Allophonen eines Phonems. Das englische Phonem /p/ etwa erscheint am Wortanfang vor einem Vokal als stark behauchtes Allophon [p^h], nach [s] jedoch als unbehauchtes [p]. In einer an phonemischen Kriterien orientierten Transkription erschienen die Wörter *pit* und *spit* als:

/pɪt/ /spɪt/,

in einer phonetisch genaueren, „engen" (engl. „narrow") Transkription jedoch als:

[p^hɪt] [spɪt].

Man beachte ganz allgemein, daß phonemische Kontraste sprachspezifisch sind. Die Konsonanten [l] und [r] etwa sind im Englischen wie im Deutschen Phoneme (vgl. die Minimalpaare *lip* und *rip* oder *Laub* und *Raub*), in anderen Sprachen jedoch allophonische Varianten eines Phonems. Dies führt zu Aussprachefehlern, die uns kurios erscheinen, wenn etwa Sprecher solcher Sprachen unsere lernen sollen.

Wie strukturiert sich nun das Phonemsystem einer Sprache? Alle Sprachen unterscheiden zwischen Vokalen – Lauten, bei denen der Luftstrom im Prinzip ungehindert aus dem Mund entweicht – und Konsonanten – Lauten, bei denen der Luftstrom auf irgendeine Weise behindert ist. Für die Darstellung von Vokalsystemen hat sich das sogenannte Vokaltrapez (engl. *vowel chart*) eingebürgert, das als eine abstrakte Darstellung der Verhältnisse in der Mundhöhle gelten kann und das angibt, welcher Teil der Zunge bei der Artikulation eines Lautes gehoben wird.[8] Die Vokale des Englischen ließen sich in etwa so anordnen:

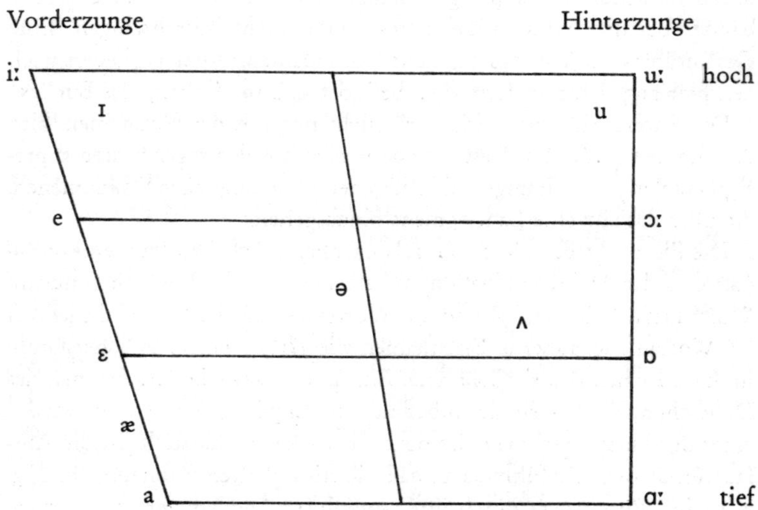

Das Phonem /ɪ/ wird dadurch definiert, daß der Vorderteil der Zunge bei seiner Artikulation gehoben wird, bei /u/ dagegen der hintere. Bei /ɑː/ ist die Zunge gesenkt, was Ärzte dazu bringt, ihre Patienten diesen

[8] Was in dieser zweidimensionalen Darstellungsweise nicht berücksichtigt werden kann, ist das Kriterium der Lippenrundung. Um sich den Einfluß dieses Faktors zu vergegenwärtigen, genügt es, die Vokale in deutsch *hört* (gerundet) und englisch *hurt* (ungerundet) zu vergleichen.

Vokal sprechen zu lassen, wenn sie freie Sicht in die Rachengegend haben wollen.

Die verwendeten Umschriftzeichen richten sich nach der Lautschrift der *International Phonetic Association*, die seit 1889 in Gebrauch ist und zuletzt im Jahre 1989 revidiert wurde (siehe auch Anhang II). Eine Sondergruppe der Vokale, die nicht im Diagramm verzeichnet ist, stellen die Diphthonge dar: Bei ihnen ändert sich die Vokalqualität im Laufe der Artikulation, bei [eɪ] etwa vom Anfangspunkt [e] zu [ɪ]. Bei allen Vokalen schwingen bei der Artikulation die Stimmbänder mit, sie sind also stimmhaft.

Die Konsonanten werden nach ihrer Artikulationsstelle, der Artikulationsart und dem Merkmal der Stimmhaftigkeit eingeteilt. Das Phonem /p/ würde zum Beispiel als bilabialer stimmloser Verschlußlaut klassifiziert, weil zu seiner Bildung beide Lippen benötigt werden, der Luftstrom nicht nur durch Reibung behindert, sondern für eine kurze Zeit durch Verschluß der Lippen gänzlich unterbrochen wird und die Stimmbänder bei der Artikulation dieses Lautes nicht mitschwingen. Eine Gesamtübersicht über das englische Konsonantensystem, gegliedert nach den hier angedeuteten Kriterien, befindet sich im Anhang des Buches.

Die Phonologie beschäftigt sich nicht nur mit den Phonemen, also den Segmenten der Lautkette, sondern auch mit den sogenannten suprasegmentalen Erscheinungen, d.h. all jenen phonologischen Phänomenen, die über das einzelne Lautsegment hinausgehen.

Die Phonotaktik stellt die einzelsprachlich möglichen Phonemkombinationen dar. Die Kombination /tl/ etwa existiert im Englischen nur im Wortinnern (z.B. *motley*) und am Wortende (z.B. *shuttle*), nicht jedoch am Wortanfang, außer in Eigennamen wie *Tlingit*, einem Indianerstamm im kanadischen British Columbia. Eine phonotaktische Gegebenheit des Deutschen, die – weil sie unbewußt ins Englische übertragen wird – eines der Hauptmerkmale des deutschen Akzents darstellt, ist die Auslautverhärtung. Sie führt dazu, daß die stimmhaften Phoneme /b, d, g, z, v/ im Wortauslaut durch ihre stimmlosen Pendants ersetzt werden, wie man sich etwa beim Wortpaar *Glas/Gläser* leicht überzeugen kann.

Im Englischen (wie im Deutschen) gibt es einen charakteristischen Wortton *(stress)*, d.h. in mehrsilbigen Wörtern trägt eine Silbe den Hauptton, während die anderen schwach betont oder unbetont sind. In der Transkription wird der Hauptton durch ', der Nebenton durch ˌ und der Schwachton gar nicht markiert. Ein mehrsilbiges Wort mit Haupt- und Nebenton (sowie zwei unbetonten Silben) ist:

isometric, „isometrisch" /ˌaɪsəu'metrɪk/

Nicht betonte Silben des Englischen enthalten fast ausschließlich die Vokale /ə/ oder /ɪ/, wie folgende Beispiele zeigen:

object, Substantiv, „Objekt“ /'ɔbdʒəkt/

to object, Verb, „Einspruch erheben“ /əb'dʒekt/

objection, Substantiv, „Einspruch“ /əb'dʒekʃn/

Die Intonation oder Sprechmelodie (engl. *intonation*) hat zwar viele Aufgaben, die über den Bereich der Phonologie hinausgehen – etwa den Ausdruck von Stimmungen oder Emphase, doch läßt sich für das Englische wie für viele andere Sprachen zumindest ein phonologisches Grundgerüst der Intonationsmuster erstellen. Im Gegensatz zur IPA-Lautschrift gibt es kein weithin verbindliches Notationsmodell für die englische Intonation. Weitgehende Einigkeit besteht jedoch darin, daß sich eine Äußerung aus einer oder mehreren Tongruppen zusammensetzt, die sich wiederum um einen den Starkton tragenden Nukleus gruppieren. Man vergleiche etwa die folgende Tongruppe, die mit fallender Intonation als Aussage, mit steigender Intonation gesprochen jedoch als Frage aufgefaßt werden würde. Je nach Sinn des Satzes könnten *you*, *are* oder die erste Silbe von *student* den Hauptton tragen, an dem die Tonhöhenbewegung einsetzen würde:

you are a stùdent

you are a stúdent

you àre a student

yòu are a student

usw.

Um zu zeigen, wie die Intonation zur Bedeutung einer Äußerung beitragen kann, eignet sich folgendes Beispiel, in dem eine Silbe nacheinander mit gleichbleibender *(level)*, steigender *(rising)*, fallender *(falling)*, steigend-fallender *(rise-fall)* und fallend-steigender *(fall-rise)* Tonhöhenbewegung artikuliert wird:

1) yēs

2) yés

3) yès

4) yês

5) yěs

Adam Makkai[9] umschreibt die Bedeutung von 1) mit „I am registering my attention without committing myself", 2) als „tell me more, I'm listening", 3) als „objective affirmative", oder – wenn die volle Tonhöhenbreite genützt wird – als „joyful sudden recognition", 5) schließlich als „I think you're kidding me". Unser Fall 4) erscheint in seiner Darstellung nicht, doch die verwendete Tonhöhenbewegung – der *rise-fall* – signalisiert zumindest im britischen Englisch sehr oft eine herausfordernd-antagonistische Einstellung.

Viele Aspekte einer mündlichen Äußerung könnten noch besprochen werden, etwa Sprechrhythmus, Modulation der Stimme und anderes mehr, doch begäben wir uns hierbei sehr bald weit weg von sprachsystematischen Problemen in den Bereich der *parole* oder Performanz. Nur die Sprechgeschwindigkeit zeitigt einige Wirkungen, die sich auf phonologischer Ebene noch systematisch erfassen lassen, vor allem das Phänomen der Assimilation, des Einflusses eines Lautes auf die Artikulation eines benachbarten. Gibt man die beiden Wörter *hand* und *bag* in einer Wortliste zum lauten Lesen vor, werden sie fast sicher als /hænd/ und /bæg/ artikuliert. In zusammenhängender Rede, besonders bei schnellem Sprechtempo, wird die Zusammensetzung *handbag* („Handtasche") aber leicht als /hæmbæg/ ausgesprochen, weil das /d/ aus *hand* verschluckt wird und der Lippenlaut /b/ von *bag* die Artikulationsstelle des Nasals /n/ im Mund nach vorne zieht, so daß es zu /m/ wird.

Ein britischer Komiker macht sich die Gesetzmäßigkeiten solcher englischer Assimilationsprozesse zunutze, indem er im folgenden Zweizeiler einen Reim zwischen *furniture* und *return it to you* erzwingt.

> Eddie don't like[10] furniture
> if you give it to him, he'll returniture.

Bevor wir das Gebiet der Phonologie verlassen und uns der Morphologie, dem Zweig der Sprachwissenschaft, der sich der Untersuchung des Aufbaus der Wörter widmet, zuwenden, sollte die Frage gestellt werden, warum man sich im Rahmen eines Anglistikstudiums mit Phonetik und

[9] *Ecolinguistics*, London and New York: Pinter, 1993, p. 40–41.

[10] Die Form *don't like* (für *doesn't like*) ist ein in der gesamten englischsprachigen Welt geläufiger grammatischer Vulgarismus. Auch manche Sprecher, die im bejahten Satz die Endung der 3. Person Einzahl verwenden *(he/she likes)*, gebrauchen zumindest in formloser Umgangssprache in der Verneinung oft *don't*. Studierende der Anglistik sollten diesen Sprachgebrauch kennen und einordnen können, zur Nachahmung ist er nicht empfohlen.

Phonologie nicht nur praktisch in Ausspracheübungen, sondern auch theoretisch und wissenschaftlich auseinandersetzen soll.

Die Antwort auf diese Frage ist eine doppelte. Phonetische und phonologische Kenntnisse ersetzen zwar keine Übung, doch nützen sie Studierenden und Lehrern immer dann, wenn es darum geht, eigene oder fremde Lernprobleme – etwa einen zu starken deutschen Akzent – zu diagnostizieren und durch die Erstellung eines fehlertherapeutischen Übungsprogramms Abhilfe zu schaffen. Zum andern ist die Phonologie der „Testfall“ und das „Labormodell“ der Linguistik. Bevor man sich dem Studium von Grammatik und Wortbedeutung zuwandte, erprobte man die Methoden der modernen deskriptiven Linguistik in der Phonologie. Wichtige Grundlagen wie das „emische“[11] Prinzip – d.h. die radikale Abstraktion von der verwirrenden Fülle komplexer Oberflächenerscheinungen zu einem möglichst einfachen dahinterstehenden System, z.B. von der unendlichen Vielfalt der Laute zum System der Phoneme – wurden in der Phonologie entwickelt und erst nach und nach auf andere Bereiche der Sprachbeschreibung und schließlich auch auf andere Wissensbereiche übertragen. In diesem Sinne ist die Phonologie für viele geistes- und sozialwissenschaftliche Disziplinen sozusagen als Grundlagenwissenschaft relevant geworden. Sie reichen von der strukturalistischen Erzähl- und Filmtheorie bis zur strukturellen Anthropologie, in der Claude Lévi-Strauss und seine Schüler die Verwandtschaftssysteme, die sich in den Kulturen der Welt finden, in Analogie zu den Phonemsystemen natürlicher Sprachen durch ein System minimaler Oppositionen beschreiben. Wo immer eine Schule sich als „strukturalistisch“ oder „struktural“ bezeichnet, reicht der lange Schatten der Phonologie also noch hin.

[11] Nach der letzten Silbe von *Phonem* (und einer Reihe analoger Bildungen, die wir in den nächsten Kapiteln kennenlernen werden).

Fachtermini, die in diesem Kapitel eingeführt wurden, und weitere Verweise auf das Glossar:
Akzent, Allophon, Artikulationsart, Artikulationsstelle, Assimilation, Auslautverhärtung, Diphthong, Dissimilation, distinktives Merkmal, Homophonie, Intonation, komplementäre Verteilung, Konsonant, Lautschrift (IPA), Minimalpaar, Nasal, Nukleus, Phonem, Phonetik (artikulatorisch, akustisch, auditiv), Phonologie, Phonotaktik, stimmhaft, stimmlos, Tongruppe, Tonhöhenbewegung, Vokal, Vokaltrapez, Wortton.

Die wichtigsten anglistischen Hilfsmittel aus dem Bereich der Phonetik/Phonologie:
Für die vielen einführenden Darstellungen in die Phonetik/Phonologie des Englischen sei hier stellvertretend nur ein verbreitetes Werk genannt:

Gimson, Alfred C. *An Introduction to the Pronunciation of English.* 4. Aufl. London: Edward Arnold, 1992.

Das derzeit aktuellste Aussprachewörterbuch zum britischen und amerikanischen Englisch ist:

Wells, John C. *Longman Pronunciation Dictionary.* London: Longman, 1990.

Weithin anerkannt sind darüber hinaus:

Jones, Daniel. *Everyman's English Pronouncing Dictionary.* 14. Aufl. London: Dent, 1977.

Kenyon, Joseph S., und Thomas A. Knott. *A Pronouncing Dictionary of American English.* Springfield, Mass.: Merriam-Webster, 1953.

III. Morphologie: die Struktur der Wörter

„Wort" ist einer jener alltagssprachlichen Begriffe, die sich auf Sprachliches beziehen, in ihrer schillernden Bedeutungsvielfalt jedoch als Fachbegriff der Sprachwissenschaft ungeeignet sind. Um die Schwierigkeit einer präzisen Definition zu verdeutlichen: Ist etwa *medical student* („Medizinstudent") ein Wort oder zwei, oder im Englischen zwei und im Deutschen eins? Wie steht es mit *don't* gegenüber *do not*? Besteht der Ausdruck *'ve got to* im geschriebenen Satz *you've got to go* aus drei Wörtern, in der saloppen gesprochenen Form *you gotta go* nur mehr aus einem? Ist *gotta* für all die ungebildeten Sprecher, die *you gotta go* mit *you don't* (oder *ain't*) *gotta go* verneinen, ein Wort, für die gebildeten Sprecher, die denselben Satz mit *you haven't got to go* verneinen, wiederum drei?

Um sich nicht mit der Frage herumschlagen zu müssen, ob orthographische, phonetische, grammatische oder logisch-inhaltliche Kriterien bei der Bestimmung des „Wortes" den Ausschlag geben, hat man in Analogie zum Phonem den Begriff Morphem, und in Analogie zum Allophon den Begriff Allomorph gebildet. So wie das Phonem die kleinste bedeutungsunterscheidende Einheit eines Sprachsystems ist, ist das Morphem die kleinste bedeutungstragende. Das Wort *reason* besteht demnach aus einem Morphem, da es nicht weiter in bedeutungstragende Elemente geteilt werden kann, während *reasonable* in zwei bedeutungstragende Elemente zerfällt, eben *reason* und die Endung *-able*, die aus dem Substantiv ein sinnverwandtes Adjektiv macht. Das Adjektiv *unreasonable* wiederum ist ein Wort mit drei Morphemen, *reason*, *-able* und der verneinenden Vorsilbe *un-*, während *unreasonableness* vier Morpheme umfaßt, nämlich die eben genannten drei und ein Morphem *-ness*, das Adjektive in abstrakte Substantive verwandelt.

Genauso wie manche Phoneme kontextspezifische Realisierungsvarianten, die Allophone, aufweisen, haben manche Morpheme Allomorphe. Der regelmäßige englische Plural etwa wird durch ein *s*-Morphem ausgedrückt, das in linguistischer Notation wie alle Morpheme in geschwungenen Klammern (als {S}) erscheint. Je nach der Lautgestalt des Wortes, an das dieses Morphem antritt, erscheint es als eines von drei Allomorphen, nämlich [s], [z] oder [ɪz]. Das erste folgt auf stimmlose Konsonanten außer [s], [tʃ] und [ʃ] (z.B. *pack/packs*), das zweite auf Vokale und stimmhafte Konsonanten außer [z], [ʒ] und [dʒ] (z.B. *boy* bag/bags), das dritte auf [z], [s], [ʒ], [ʃ], [tʃ] und [dʒ] (z.B. *bridg*

Unter den Morphemen des Englischen unterscheiden wir zw gruppen: freie Morpheme wie *reason*, die für sich alleine stehen und gebundene Morpheme wie *un-* und *-able*, die nur zusamm einem freien Morphem ein Wort bilden können. Freie Morpheme bezeichnen typischerweise Begriffe spezifischen Inhalts, während gebundene Morpheme meist dem Ausdruck grammatischer Beziehungen oder der Bildung neuer Wörter dienen. Von dieser Regel gibt es aber auch Ausnahmen. Die Artikel des Englischen *(a(n), the)* sind zwar freie Morpheme, haben aber überwiegend grammatische Funktion.

Was sind nun die Hauptstrategien, mit Hilfe deren im Englischen Morpheme zu komplexen Wörtern zusammengefügt werden? In erster Linie natürlich die Komposition oder Wortzusammensetzung und die Derivation oder Wortableitung.

Von einem Kompositum sprechen wir, wenn sich mindestens zwei freie Morpheme zu einem neuen Wort zusammenfügen, also z.B. *knee* und *cap* zu *kneecap* („Kniescheibe"). Nicht immer wird der neue Status auch in der Schreibung so deutlich wie hier. Viele englische Komposita werden mit Bindestrich – z.B. *forty-three* – oder gar getrennt geschrieben – z.B. *apple pie*. Die Grenzen zwischen Komposita und den nach den Regeln der Grammatik gebildeten syntaktischen Gruppen sind daher fließend. Eine *short story* etwa ist je nach Kontext und Betonung entweder eine kurze Geschichte oder ein Beispiel für die Gattung Kurzgeschichte. *Iron rail* würde wohl als syntaktische Gruppe interpretiert werden, weil es sich um eine „eiserne Schiene" handelt, also eine Schiene, die durch Angabe eines bestimmten Merkmals näher beschrieben wird, während *iron ore* als Kompositum fungiert, da es sich hier nicht um Erz handelt, das zufällig aus Eisen ist (aber prinzipiell auch aus anderen Materialien, etwa Stahl oder Plastik, bestehen könnte), sondern um einen bestimmten, durch dieses Wort bezeichneten Rohstoff.

Wortableitungen enthalten zumindest ein freies Morphem als Basis, an das ein oder mehrere Präfixe oder Suffixe (Überbegriff: Affixe) antreten. Unser Beispiel *unreasonable* etwa illustriert den Gebrauch des Präfixes *un-* und des Suffixes *-able* sowie eine weithin gültige Tendenz des Englischen, nach der Präfixe die Wortart (also in unserem Fall *reasonable* als Adjektiv) erhalten, während Suffixe die Wortart ändern (vom Substantiv *reason* zum Adjektiv *reasonable*).

In Handbüchern der englischen Wortbildung hat es das Wort *antidisestablishmentarian* zu einer gewissen Berühmtheit gebracht, da es in etwa die Obergrenze der Komplexität englischer Wortableitungen illustriert. Wer weiß, daß sich *establish* in diesem Wortmonstrum auf den offiziellen Status der Church of England als Staatskirche (= „established church") bezieht, kann sich die Bedeutung des Ungetüms leicht erschließen. *Establishment* ist das vom Verb abgeleitete Nomen, *disestablishment* dessen Verneinung, ein *disestablishmentarian* ist eine Person, die für die Abschaffung des offiziellen Status der Anglikanischen Kirche als Staatskirche plädiert, und ein *anti-disestablishmentarian* ihr Gegner. Und da wir schon in Fahrt sind: *anti-disestablishmentarianism* wäre die Bezeichnung für das Gedankengebäude des Gegners, so wie *Reaganism* oder *Thatcherism* sich auf die Ideologie der betreffenden Politiker und die halb humorvolle Bildung *have-a-nice-dayism* auf eine gewisse oberflächliche Freundlichkeit beziehen, die man Amerikanern bisweilen nachsagt.[12]

Wortkomposition und Derivation können natürlich gemeinsam auftreten, etwa in *gate-crasher*, „jemand, der sich uneingeladen Zutritt zu einer Party oder ähnlichem verschafft". Eine für das Englische typische Sonderform der Wortableitung ist die sogenannte Nullableitung oder Konversion, bei der die Wortart gewechselt wird, ohne daß dies formal gekennzeichnet wird. Wenn wir *partition*, „Trennwand", haben, können wir so zum Verb *to partition*, „mit einer Trennwand abtrennen", gelangen. Für Sprecher des Deutschen einen gewissen exotischen Reiz haben all die Konversionen, bei denen aus Präpositionen wie *up, down, out, off* und *forward* Verben abgeleitet werden, z.B. *to up the ante*, „den Einsatz erhöhen", *to down a whisky or two, to out someone as a homosexual, to off someone*, „jemanden abknallen", oder *to forward somebody's mail to their new address.*

Neben diesen Haupttypen der Wortbildung gibt es eine Reihe weiterer Verfahren, die linguistisch zwar äußerst interessant sind, zahlenmäßig jedoch nicht so sehr ins Gewicht fallen. Sie alle beruhen auf Wortkürzung. Von „clippings" sprechen wir, wenn ein Teil eines Wortes gekürzt wird: *bus* (aus *omnibus*) ist ein alter Beleg, *condo* (aus *condominium*, „gemeinschaftlich gekauftes und bewohntes Mehrparteienhaus") ein relativ neuer. Werden zwei Wörter „ineinandergeschoben" wie *smoke* und *fog* bei der Bildung von *smog*, sprechen wir von „blends". Die Neubildungen *infotainment* und *docutainment* belegen, daß auch diese Strategie heute noch produktiv ist. Um „Rückbildung" (engl. *backformation*) handelt es sich, wenn in Analogie zu bestehenden Korrespon-

[12] Das letzte Beispiel, wiewohl authentisch und in seiner Bedeutung erschließbar, ist natürlich deswegen ungewöhnlich, weil das Morphem *-ism* nicht an ein anderes Morphem antritt, sondern an eine ganze Wortgruppe. Solche Bildungen sind selten, aber nicht völlig ausgeschlossen.

denzen wie *revise/revision* für das Substantiv *television* das Verb *televise* geschaffen wird. Das Substantiv *destruction* erhält so neben *destroy* das Verb *to self-destruct*, das nur in dieser Zusammensetzung vorkommt, auch wenn insbesondere fremdsprachige Lernerinnen und Lerner diese Einschränkung oft nicht wahrhaben wollen.[13] Derzeit in großer Mode sind schließlich auch Akronym-Wörter, d.h. Wörter, die sich aus Anfangsbuchstaben ihrer Teilelemente zusammensetzen. Ältere Beispiele sind *radar* und *laser (RAdio Detection And Ranging* bzw. *Light Amplification by Stimulated Emission of Radiation)*, deren Einbürgerung in der Alltagssprache sich in der Kleinschreibung zeigt (und in der Tatsache, daß kaum jemand mehr weiß, wofür die einzelnen Buchstaben einmal standen). Neue Beispiele produziert die Computerbranche am laufenden Band: z.B. GUI, „graphical user interface". Aus traurigem Anlaß in den Alltagswortschatz des Englischen wie vieler anderer Sprachen Eingang gefunden hat auch das Akronym AIDS („acquired immune deficiency syndrome").

Dieser sehr kurze Überblick über die englische Wortbildung verschleiert – das darf nicht verschwiegen werden – eine Fülle von Problemen. Viele Morpheme sind multifunktional. Das Morphem *-able* aus unserem Beispiel *reasonable* macht nicht nur Adjektive aus Substantiven *(fashionable, companionable)*, sondern in einer weit größeren Anzahl von Fällen auch Adjektive aus Verben: *eatable, obtainable* etc. Das Suffix *-er* wiederum bezeichnet typischerweise sogenannte Nomina agentis, d.h. aus Verben abgeleitete Täterbezeichnungen *(baker, hunter, painter)*, daneben aber auch Gegenstände (von *computer* bis *pencil-sharpener*) und die geographische Herkunft von Personen *(New Yorker, New Zealander)*. Gelegentliche metaphorische Bildungen wie *old-timer* und Schreibvarianten *(dictator, governor)* komplizieren das Bild noch zusätzlich. Das Suffix *-ing* deckt eine ganze Bandbreite von Funktionen im Übergangsbereich zwischen Grammatik und Wortbildung ab. *Two paintings on the wall* muß schon allein wegen der Pluralendung in *paintings* als Nominalphrase interpretiert werden. Das Morphem *-ing* ist in diesem Beispiel Mittel der Wortbildung, weil es aus einem Verb ein Substantiv macht. *Painting* in *I am painting a picture* ist ein verbales Partizip, das zur Bildung des progressiven Aspekts, der Verlaufsform, also einem vorwiegend grammatischen Zweck, dient. *Interesting* hingegen – obwohl formal

[13] Manchmal läßt sich die Frage, ob es sich bei einem Beispiel um Wortableitung durch Hinzufügung eines Suffixes oder um Rückbildung handelt, nur auf diachronem Wege entscheiden, also durch Überprüfung der Daten der Erstbelege in einem historisch-etymologischen Wörterbuch.

ähnlich wie *painting* gebildet – wird wohl am besten als ein eigenständiges Adjektiv analysiert, das nur noch in rein historischem Zusammenhang mit dem Verbum *to interest* steht. *Modern painting* ist außerhalb eines Kontexts mehrdeutig und kann sich auf ein modernes Gemälde, die moderne Malerei oder die moderne Art des Malens beziehen, drei Lesarten mit zunehmender Nähe zum Ausgangsverb *to paint.*

Manche Morpheme sind produktiv, d.h. sie können im heutigen Englisch mit Leichtigkeit zur Bildung neuer Wörter herangezogen werden. Das Suffix *-ish* ist ein gutes Beispiel dafür. Mit *tobaccoish smell* bezeichnen wir einen Geruch „ungefähr wie Tabak", mit *seven thirtyish* einen Zeitpunkt „ungefähr um halb acht" und mit *fiftyish* ein Alter ungefähr um die fünfzig. Andere Ableitungssuffixe wie z.B. das *-en*, das aus einem Adjektiv wie *hard* das Verbum *harden* macht, sind in ihrer Produktivität so komplexen Einschränkungen unterworfen, daß man in der Unmenge der linguistischen Literatur zur Wortbildung vergebens nach einer überzeugenden Erklärung sucht. Warum *harden* und *soften*, aber nicht *hotten* und *colden*? Warum *worsen*, aber nicht *badden*, *blacken*, aber nicht *greenen* usw.? Unter solchen Umständen lassen sich Neubildungen mit diesem Morphem nur schwer vorstellen.

Nur wenige Wortableitungen sind so bequem zerlegbar wie *unreasonable* (das nicht zuletzt aus diesem Grunde als illustratives Beispiel gewählt wurde). Oft wird die morphologische Analyse so zum Fest der Allomorphe. In der Gruppe *photograph, photographer* und *photographical* erscheint das Grundwort in drei verschiedenen lautlichen Gestalten. Durch einen in vielen germanischen Sprachen erfolgten historischen Lautwandel, den Umlaut, sind wir gezwungen, für das Adjektiv *long* das Allomorph *leng-* (wie in *length*) einzuführen. Und ähnlich ergeht es uns mit einer Unzahl von weiteren Fällen. Dies führt zu folgender Überlegung: Sollte etwa die Grundidee der strukturellen Morphologie, daß sich die bedeutungstragenden Einheiten komplexer Wörter linear „aneinanderkleben" lassen, für das Englische nur begrenzt anwendbar sein?

Vergleichsweise selten treten dagegen die folgenden Problemfälle auf: Ein Kompositum ist nicht mehr vollständig zu zerlegen, weil einer seiner Bestandteile aus der Sprache verschwunden ist, z.B. das *cran* in *cranberry*. Bei manchen Wortableitungen ist das Grundwort verlorengegangen, und nur die Ableitung existiert weiter (z.B. *uncouth*, vergleichbar dem deutschen *unwirsch*, wo ein Adjektiv *wirsch* ebenfalls fehlt).

Bei Bildungen wie *no-fly zone* oder *no-go area* müssen wir die Definition des Kompositums als Kombination mindestens zweier freier Morpheme etwas dehnen, denn *no*, *fly* und *zone* sind zwar freie Morpheme, doch werden wir die Verbindung *no-fly* außerhalb solcher Komposita vergeblich suchen, so daß dieser Teil des Kompositums *no-fly zone*, obwohl aus zwei freien Morphemen bestehend, selbst kein freies Morphem ist.

Diese lange Liste von größeren und kleineren Problemen bei der Analyse komplexer Wörter soll einen angehenden Linguisten allerdings nicht zur Verzweiflung bringen. „Ausnahmen" von „Regeln" stellen zwar Probleme bei der linguistischen Beschreibung dar, sind aber vor allem ein Hinweis auf die wahre Natur menschlicher Sprachen. Diese sind keine perfekten Systeme, sondern Systeme, die genau die Mischung zwischen Ordnung und Flexibilität enthalten, die ihre Sprecher zum Überleben in ihrer natürlichen und sozialen Umwelt brauchen.

Fachtermini, die in diesem Kapitel eingeführt wurden, und weitere Verweise auf das Glossar:
Affix, Akronym, Allomorph, Analogie, *blend*, *clipping*, Derivation, Kompositum, Konversion, Lexem, Morphem, Morphologie, Neologismus, Nomen agentis, Null-Morphem, Präfix, Produktivität, Rückbildung, Suffix, Umlaut, Wort.

Literatur und Hilfsmittel:

Bauer, Laurie. *English Word-Formation*. Cambridge: CUP, 1983.
Matthews, Peter H. *Morphology*. 2. Aufl. Cambridge: CUP, 1991.
Lehnert, Martin. *Rückläufiges Wörterbuch der englischen Gegenwartssprache – Reverse Dictionary of Present-Day English*. Leipzig: VEB Enzyklopädie, 1971. [Zum raschen Auffinden von Wortableitungen mit Suffixen.]

IV. Grammatik: die Struktur der Sätze

Im letzten Kapitel streiften wir schon kurz einen Aspekt der Grammatik, nämlich die gebundenen Morpheme, deren Aufgabe überwiegend darin besteht, Informationen über die Funktion eines Wortes in einem Satz auszudrücken, also etwa die Numerusendungen beim Substantiv oder die Tempusendungen beim Verb. In diesem Abschnitt wollen wir die kurze Diskussion der grammatischen Aspekte der Wortbildung mit einer Darstellung der Syntax, der Lehre von der Struktur der Sätze und ihrer Teile, ergänzen und so zu einem Gesamtüberblick über die Grammatik gelangen.

Zu warnen ist zuerst vor einem naiven Gebrauch des Begriffes „Satz". In der Syntax beziehen wir uns mit diesem Begriff auf eine relativ selbständige grammatische Einheit, die meist um ein Verbum als strukturellen Kern gruppiert ist – dies ist die Bedeutung, die dem englischen *clause* entspricht. Alle folgenden Strukturen lassen sich unter diese Definition subsumieren:

I paid the entire bill at once

... after I had paid the entire bill at once

... me to pay the entire bill at once[14]

Der erste Satz illustriert, da er für sich allein stehen kann, den Typ des einfachen Satzes oder Hauptsatzes, die beiden anderen sind (finite bzw. nichtfinite) Nebensätze,[15] die von einem Hauptsatz abhängen und daher im allgemeinen nicht allein vorkommen können. Eine Kombination von Haupt- und Nebensätzen nennt man komplexen Satz oder Satzgefüge, eine Kombination von zwei oder mehreren Hauptsätzen ist eine Satzverbindung. Diese linguistische Definition von Satz unterscheidet sich beträchtlich von der alltagssprachlichen Bedeutung des Wortes, wo mit

[14] Zum Beispiel als Ergänzung von Verben wie *want* oder *expect*: *they wanted me to pay the entire bill at once.*

[15] „Finit" sind Verben, die ein Tempus ausdrücken oder eine Personalendung haben. Nichtfinite Verbformen des Englischen sind Infinitiv, Gerundium und die beiden Partizipien. Einen Satz, der sich, wie unser drittes Beispiel *me to pay the entire bill at once*, um eine nichtfinite Verbform gruppiert, nennen wir daher einen nichtfiniten Nebensatz.

Satz im allgemeinen ein Abschnitt eines geschriebenen Textes bezeichnet wird, der zwischen zwei Punkten steht (was der Bedeutung des englischen *sentence* entspricht).

Sprachen, selbst zwei historisch eng miteinander verwandte wie das Englische und das Deutsche, unterscheiden sich deutlich in ihren grammatischen Strukturen. Trotz der verwirrenden Vielfalt im Detail kann man jedoch davon ausgehen, daß es zum Ausdruck grammatischer Beziehungen in allen Sprachen der Welt nur vier Grundstrategien gibt und daß sich die Unterschiede zwischen den Sprachen daraus ergeben, in welchem Ausmaß eine einzelne Sprache von diesen Gebrauch macht. Diese vier Grundstrategien sind:

1) Flexion, d.h. vor allem Deklination des Substantivs und des Adjektivs sowie Konjugation des Verbs;
2) Gebrauch freier grammatischer Morpheme, der sogenannten Funktionswörter;
3) Ausnutzen von Wortstellungskontrasten im Satz;
4) Intonation.

Wie die einzelnen Strategien funktionieren, soll im folgenden an einigen Beispielen gezeigt werden.

1) Flexion

Das Englische hat beim Übergang vom Altenglischen zum Mittelenglischen, also zwischen dem 10. und 12. Jahrhundert, fast alle seine Flexionsendungen verloren. Die wichtigsten verbliebenen sind das Plural-*s* beim Nomen *(girl – girls)*, die Steigerungsendungen *-er* und *-est* beim Adjektiv *(keen – keener – keenest)* und das *-s* in der 3. Person Singular bzw. das *-ed* im Präteritum des Verbs *(shout – shouts – shouted)*. Das *-s* des sogenannten Saxon Genitive ist ein einigermaßen kurioses Flexionsmorphem, weil es nicht nur an Wörter, sondern an ganze Wortgruppen antreten kann: vgl. *the king's rule* und *the king of England's rule* bzw. die Doppeldeutigkeit des Ausdrucks *the son of the baker's wife*, der – je nachdem, ob das *-s* sich auf das vorangehende Wort oder die vorangehende Wortgruppe bezieht – einen Mann oder eine Frau meint. Die Flexion bei Substantiv und Adjektiv wird im allgemeinen als Deklination, die des Verbs als Konjugation bezeichnet.

2) Funktionswörter

Funktionswörter sind freie Morpheme mit vorwiegend oder ausschließlich grammatischer Funktion. Die Präposition *to* in *I'm walking from my desk to the door* ist kein Funktionswort, weil in diesem Gebrauch die wörtliche Bedeutung – Angabe der Richtung einer Bewegung

– dominant ist; *to* in *I owe my success to my manager* dagegen ist ein Funktionswort, weil *to* sich hier nicht einmal mehr in einem übertragenen Sinn auf eine Richtung bezieht, sondern nur das zweite Objekt des Verbs *owe* einführt. So ist es nicht verwunderlich, daß dem englischen *to* in seiner eigentlichen Verwendung auch im Deutschen eine Präposition entspricht – *ich gehe von meinem Schreibtisch zur Tür* –, in der Verwendung als Funktionswort jedoch ein Dativ – *ich verdanke meinen Erfolg meinem Manager*. Ein weiteres wichtiges grammatisches Funktionswort im modernen Englisch ist *of*, das grammatische Beziehungen innerhalb einer nominalen Phrase ausdrückt – etwa Besitzverhältnisse *(all recently closed outlets of the company)* – oder zur Kennzeichnung der Beschaffenheit eines Gegenstands dient *(a building of extraordinary dimensions)*. Allerdings lassen sich Belege für die Umdeutung fast aller Präpositionen zu Funktionswörtern finden; man vergleiche etwa *to pray in church* (Präposition) und *to believe in God* (Funktionswort).

3) Satzstellung[16]

Die Stellung der Satzglieder zueinander, die in vielen Sprachen ein stilistisches Mittel zum Ausdruck von Emphase oder zur Schaffung einer günstigen Verteilung bekannter und neuer Information im Satz ist, hat im Englischen eine grundlegende Funktion beim Ausdruck grammatischer Beziehungen. Das Subjekt ist definiert als diejenige Nominalphrase, die vor dem finiten Verb steht, das Objekt als diejenige, die ihm folgt. Man vergleiche die konträre Interpretation von:

the cat ate the snake

und:

the snake ate the cat

Keine noch so starke Betonung von *the snake* wird Sprecher des Englischen dazu bringen, anzunehmen, daß die Schlange auch im zweiten Beispiel gefressen würde. Dies ist – nebenbei bemerkt – ein interessanter Gegensatz zum Deutschen, wo Subjekt und Objekt normalerweise durch Flexion (vor allem des Artikels) gekennzeichnet werden, durch einen „Betriebsunfall" des Systems eine eindeutige Kennzeichnung in der Übersetzung unseres Beispiels jedoch nicht erfolgt:

die Schlange fraß die Katze

[16] Der Ausdruck *Satzstellung* wird im folgenden dem traditionellen *Wortstellung* vorgezogen, weil es bei den sogenannten Wortstellungsregeln meist nicht um die Stellung der einzelnen Wörter im Satz geht, sondern um die Stellung der Satzglieder oder Konstituenten.

ist mehrfach interpretierbar, was zeigt, daß die Wortstellung im Deutschen nicht in dem Maße grammatische Funktionen erfüllt, wie dies im Englischen der Fall ist.

4) Intonation

Das klarste Beispiel dafür, wie Intonation eine grammatische Funktion übernimmt, ist ein Aussagesatz, der mit steigender Intonation gesprochen wird; er wird als Frage umgedeutet (vgl. *you are a stúdent?*). Aber auch bei der Unterscheidung von restriktiven und nicht-restriktiven Relativsätzen spielt die Intonation eine Rolle. Im sogenannten restriktiven, d.h. einschränkenden Relativsatz *the cars which were parked in lot one were damaged* wird zwischen *cars* und *which* keine Pause eingelegt und keine eigenständige neue Tongruppe begonnen, was die Bedeutung ergibt: „(nur) diejenigen Autos, die auf Parkplatz eins standen, wurden beschädigt. [Andere blieben unbeschädigt.]" Im nicht-restriktiven Relativsatz hingegen bemerken wir an der betreffenden Stelle eine Pause (die in der Schreibung meist mit einem Komma angedeutet wird), und die Bedeutung ist: „die Autos, die (in ihrer Gesamtheit) auf Parkplatz eins standen, wurden alle zerstört. [Von anderen Autos ist nicht die Rede.]"

Da, wie oben bereits angedeutet, sich die Sprachen der Welt nur in dem Ausmaß unterscheiden, in dem sie von den einzelnen Strategien Gebrauch machen, gelangen wir zu einem wichtigen typologischen Einteilungskriterium. Sprachen wie das Deutsche, die reich an Flexionsendungen sind, dafür aber weniger Funktionswörter und grammatisch motivierte Wortstellungsregeln haben, werden als synthetisch bezeichnet. Bei Sprachen, in denen beim Ausdruck grammatischer Beziehungen die Flexion eine geringe, Wortstellung und Funktionswörter dagegen eine große Rolle spielen, sprechen wir von analytischem Satzbau. Keine Sprache ist rein analytisch bzw. rein synthetisch, doch eine größere Nähe zum einen oder anderen Extrempol ist für viele charakteristisch. Die Einteilung in diese beiden typologischen Gruppen erweist sich vor allem beim Studium der modernen europäischen Sprachen als nützlich, weil diese historisch gesehen eine Entwicklung weg vom synthetischen und hin zum analytischen Sprachbau durchmachen, deren Geschwindigkeit einzelsprachlich allerdings sehr verschieden ist. Das Englische – als Beispiel für einen raschen Übergang – hat sich im Laufe seiner Geschichte dem analytischen Pol schon weitgehend angenähert.

Kehren wir nach diesem kurzen Überblick über die Grundlagen der Syntax zurück zu einer praktischen Frage. Welche Begriffe und Kategorien stellt uns die Sprachwissenschaft für die grammatische Analyse eines englischen Satzes zur Verfügung? Beginnen wir mit einem einfachen Beispiel:

the shopkeeper insisted on immediate payment

Es läge nahe, den Satz als eine Kette von Wörtern aufzufassen, die ihrerseits entweder aus einem oder mehreren bedeutungstragenden Morphemen bestehen. Unsere Analyse ergäbe dann folgende Struktur:

Artikel + Substantiv + Verb + Präposition + Adjektiv + Substantiv

Von diesen Wörtern können drei, *shopkeeper*, *insisted* und *payment*, weiter in ihre morphemischen Bestandteile zerlegt werden, nämlich {SHOP}{KEEP}{-ER}, {INSIST}{-ED} und {PAY}{-MENT}. Die anderen bestehen aus jeweils einem Morphem. Dies kann man sinnvollerweise auch für *immediate* annehmen, da ein Adjektiv *mediate* nur in wenigen englischen Wörterbüchern verzeichnet und im Sprachgebrauch überaus selten ist. Eine Ableitung aus dem Verb *to mediate* kommt ohnehin nicht in Frage.

Diese Analyse nach Wortarten ist nicht falsch, doch wird sie unserer intuitiven Einsicht nicht gerecht, daß zum Beispiel *the* und *shopkeeper* enger zusammengehören als *on* und *immediate*, daß – mit anderen Worten – zwischen dem Einzelwort und dem Satz noch eine weitere Strukturebene, nämlich die der Konstituenten oder Satzglieder, eingeführt werden muß. Wir werden diese beiden Strukturierungsebenen im Satz im folgenden nacheinander besprechen.

1) Die Ebene der Einzelwörter: Wortarten

Wir unterscheiden Wortarten mit spezifischer lexikalischer Bedeutung – Substantiva, Adjektiva, Verben und die meisten Adverbien – von solchen mit vorwiegend grammatischer Funktion – Artikel, Pronomina, Präpositionen und Konjunktionen. Erstere konstituieren offene Klassen, die regelmäßig erneuert werden, indem alte „Mitglieder" außer Gebrauch geraten und neue hinzukommen; letztere sind geschlossene Klassen, d.h. sie umfassen nur wenige Elemente, deren Zahl sich auch nur im Jahrhundertmaßstab ändert. Es sei nicht verschwiegen, daß dieses traditionelle Wortartensystem, das in seinen Grundzügen schon von den Grammatikern der Antike entwickelt wurde, viele Schwächen hat. Wohin zum Beispiel mit den englischen Modalverben, die von anderen Verben durch eine Reihe von grammatischen Eigenheiten isoliert sind und eine in sich (fast) geschlossene Klasse bilden? Oder den Zahlwörtern, die Eigenschaften der Adjektive und der Pronomina miteinander verbinden?

Aber man wird sich daran erinnern, daß – wie schon in den Bemerkungen zur Wortbildung angedeutet – perfekte Klassifizierungssysteme für natürliche Sprachen ungeeignet sind, und sich daher der Weisheit des antiken Philosophen Aristoteles nicht verschließen, der in anderem Zusammenhang sagt: „Der Gebildete treibt die Genauigkeit nicht weiter, als es der Natur des Gegenstandes entspricht."

Wir unterscheiden also im einzelnen:

a) Substantiv:

die Wortart, die typischerweise als Kern des Subjekts oder Objekts eines Verbs fungiert; im englischen Substantiv wird die grammatische Kategorie des „Numerus" (Singular/Plural) durch Flexion ausgedrückt. In Sprachen mit ausgeprägtem Flexionssystem gibt es zusätzlich noch Flexion nach Genera (maskulin, feminin, neutral), Kasus (Nominativ, Genitiv, Dativ, Akkusativ u.a.m.) und Deklinationsklassen (im Deutschen zum Beispiel die vokalischen oder starken gegenüber den konsonantischen oder schwachen Klassen).[17]

b) Adjektiv:

die Wortart, die typischerweise Eigenschaften eines Substantivs bezeichnet *(an expensive restaurant, the restaurant is expensive)*, durch Adverbien näher bestimmt wird *(a terribly expensive restaurant)* und steigerbar ist *(the most expensive restaurant in the world)*. Einige Adjektive erfüllen nur einen Teil dieser Kriterien – vgl. *the child is ill*, aber **an ill child*, **the illest child*.

c) Verb:

die Wortart, die – zumindest im Englischen und Deutschen – als Träger der Tempusmarkierung dient und meist Tätigkeiten, Vorgänge oder Zustände bezeichnet. Grammatische Kategorien, die am englischen Verb neben dem Tempus noch ausgedrückt werden, sind der Aspekt, also die Unterscheidung zwischen *simple* und *progressive form*, Genus verbi (engl. *voice*), also Aktiv und Passiv, sowie der Modus. Beim Modus unterscheiden wir ein aussterbendes synthetisches Muster, den *subjunctive*, und ein sehr produktives analytisches, in dem der Grad von Wahr-

[17] Ein Beispiel: *der Adler* und *der Falke* sind gleichermaßen Maskulina, dennoch unterscheiden sich ihre Flexionsendungen im Akkusativ Singular. In *den Adler* bleibt der Akkusativ im Nomen selbst unbezeichnet, in *den Falken* wird er durch ein *-n* markiert (das allerdings gleichermaßen auch alle übrigen Kasus außer dem Nominativ Singular ausdrückt).

scheinlichkeit oder Verpflichtung durch Verbindung zwischen Modalverben und Vollverben ausgedrückt wird.

d) Adverb:
die Wortart, die räumliche, zeitliche und andere Begleitumstände einer Verbalhandlung oder eines Zustandes ausdrückt. Im Englischen gibt es ein produktives Muster der Ableitung von Adverben aus Adjektiven mit Hilfe des Morphems *-ly*.

e) die geschlossenen Klassen:
die Wortarten, die primär grammatische Relationen im Satz ausdrükken und sich nicht direkt auf außersprachliche Gegenstände bzw. Sachverhalte beziehen lassen. Die Artikel legen zum Beispiel fest, wie ein Substantiv zu interpretieren ist: *a woman* bezieht sich auf eine nicht näher bestimmte Frau oder auf die Frau im allgemeinen *(I saw a woman at the bus stop* gegenüber *a woman has a hard time in the music business), the woman* normalerweise auf eine im jeweiligen Kontext als bekannt vorausgesetzte Frau. Pronomina spezifizieren die Substantive, mit denen sie kombiniert werden *(some women, any woman)* oder ersetzen sie *(there were 250 women present, and all/some/they complained)*. Präpositionen können alles: Sie funktionieren als Adverbien mit eigener Bedeutung – *I want you out!* –, sie legen fest, in welcher räumlichen, zeitlichen oder kausalen Beziehung Substantive zu Verben oder anderen Substantiven stehen – *go from London to Glasgow, our trip to Glasgow* –, sie sind grammatische Funktionswörter – *damn car broke down on me*, „das Auto ist mir zusammengekracht" –, und sie helfen bei der Abschattierung der Verbalbedeutung – *use* gegenüber *use up*. Konjunktionen stellen die Beziehung zwischen Teilsätzen einer Satzverbindung oder eines Satzgefüges her: Man vergleiche *I went there because I like jazz* und *I went there although I like jazz.*

2) Die Satzglieder oder Konstituenten
Wörter, welcher Wortart sie auch immer angehören, bilden Konstituenten oder Satzglieder, die sich ihrerseits wieder zu Sätzen zusammenfügen. Natürlich erfassen wir intuitiv, daß unser Beispiel:

the shopkeeper insisted on immediate payment

in zwei Teile, nämlich *the shopkeeper* und *insisted on immediate payment*, zerfällt, und sind wahrscheinlich nicht überrascht zu hören, daß die erste Konstituente als Nominalphrase, die zweite als Verbalphrase bezeichnet wird. In Begriffen der traditionellen Schulgrammatik funktioniert die Nominalphrase *the shopkeeper* als Subjekt und die Verbalphrase als Satzaussage. Die Satzaussage zerfällt wiederum in ihren verbalen Kern und eine präpositionale Phrase bzw. – wenn wir *on* dem verbalen Kern zurechnen – in einen verbalen Kern und eine Nominalphrase. Der verbale Kern der Satzaussage ist das Prädikat, die darauffolgende Konstituente je nach Analyse entweder ein Präpositionalobjekt oder ein (direktes) Objekt. Also etwa:

NP	VP	
	V	PräpP
(the shopkeeper)	((insisted)	(on immediate payment))

oder:

NP	VP	
	V	NP
(the shopkeeper)	((insisted on)	(immediate payment))

Dies sind die strukturellen Verhältnisse, die in vielen linguistischen Modellen mit Hilfe umfangreicher Baumdiagramme abgebildet würden. Wir wollen hier darauf verzichten und uns statt dessen der Frage zuwenden, ob wir unsere Intuition durch syntaktische Tests objektivieren oder mit Hilfe solcher Tests aus mehreren sich anbietenden Analysen die richtige auswählen können.

Ein erster solcher Test ist der Substitutionstest, in dem jede mutmaßliche Konstituente durch ein passendes Pronomen oder Adverb ersetzt wird:

he insisted on it

Wir haben durch diese Ersetzungen gezeigt, daß *the shopkeeper* tatsächlich Subjekt ist, da wir die Nominativform *he*, und nicht *him*, verwenden. Noch ungelöst ist das Problem, ob *on* zum Verb oder zum folgenden Nomen gerechnet werden soll. Hier hilft der Spaltsatztest (engl. *cleft sentence test*):

it was immediate payment that he insisted on

*it was on immediate payment that he insisted

Die Annahme ist hier, daß eine Konstituente als Ganzes hervorgehoben wird; da *on* beim Verb bleibt, schließen wir, daß *immediate payment* das Objekt des Verbs *insist on* ist. Wenn wir – unter der falschen Annahme, der Ausdruck sei ein präpositionales Objekt – *on immediate payment* als Ganzes fokussieren, klingt das Ergebnis, wie das Sternchen vor dem zweiten Satz andeutet, nicht sehr natürlich.

Wie könnten wir zu guter Letzt jemanden widerlegen, der die Behauptung aufstellt, *on immediate payment* sei eine adverbiale Angabe des Ortes, so wie *on the table* in *two people were sitting on the table*? Hier hilft zum einen die schon erwähnte Substitutionsprobe. Die einfachste Form der Ortsangabe ist das Adverb *here*. Der Satz:

*he insisted here

ist ungrammatisch, die Analyse also zu verwerfen. Eine andere Möglichkeit der Beweisführung wäre der Fragetest. Objekte werden mit *who, whom* oder *what* erfragt, adverbiale Angaben mit *how, where, when, why* etc. Der Vergleich der beiden Ergebnisse:

what did he insist on?

*where did he insist?

zeigt einmal mehr die Richtigkeit unserer oben postulierten Analyse „Subjekt – Prädikat – Objekt".

Wiederum ist der Hinweis angebracht, daß das sprachwissenschaftliche Werkzeug, der Test, nicht mit einer Pseudo-Präzision gebraucht werden sollte, die dem Gegenstand, der flexiblen Struktur natürlicher menschlicher Sprachen, nicht angemessen ist. Oft erwachsen die tiefsten Einsichten aus dem Nachdenken darüber, warum ein ansonsten bewährter Test in bestimmten Fällen nicht funktioniert. Ein Test, der verwendet wird, um adverbiale Angaben von Objekten zu trennen, ist der Passivierungstest, denn nur Objekte können durch Passivierung zu Subjekten werden. In unserem Beispiel ist das Passiv daher, wie nicht anders zu erwarten, möglich:

immediate payment was insisted on

Dieser Satz klingt ungefähr so gespreizt wie *es wurde auf sofortiger Bezahlung bestanden*, doch grammatisch ist alles in Ordnung, und wir haben auf einem anderen Weg bewiesen, was wir schon wußten.

Der Passivierungstest zeigt auch auf elegante Weise, warum *at the station* in *we arrived at the station* eine adverbiale Angabe, *several conclusions* in *we arrived at several conclusions* jedoch ein Objekt ist. Man vergleiche:

*the station was arrived at (by us)

several conclusions were arrived at (by us)

In *we eat in the dining room, we watch TV in the living room, and we sleep in the big bed upstairs* läßt sich ohne Kontroverse zeigen, daß *in the dining room, in the living room* und *in the big bed upstairs* adverbiale

Angaben des Ortes sind. Warum ist das Passiv im folgenden, den letzten Teil dieses Beispiels nur leicht abwandelnden Satz aber möglich?

somebody has slept in this bed

this bed has been slept in

Wir haben, so scheint es, eine adverbiale Angabe, die durch Passivierung zum Subjekt geworden ist. Ist der Nutzen des Passivierungstests durch solche Beispiele also widerlegt? Die Antwort ist nein. Wer so etwas sagt, dem ist in diesem Moment nicht wichtig, wo der ungenannte *somebody* geschlafen hat, sondern daß dadurch das Bett für ihn unbrauchbar wurde. Er sagt *somebody has slept in this bed*, meint aber *somebody has soiled this bed*. Fazit? Die feinsten Ausdrucksnuancen entstehen nicht durch strenge Befolgung grammatischer Regeln, sondern durch gezielte, aber minimale Verletzungen.

Aber zurück zu den elementaren Grundlagen der englischen Syntax und damit zur Frage, welche Satztypen im einfachen englischen Satz möglich sind. Es sind dies, wenn man einige Kuriositäten, für die in einer Einführung kein Platz sein kann, wegläßt, im wesentlichen sieben. Sie ergeben sich aus der Tatsache, daß manche Verben nur eine weitere Konstituente brauchen, um einen vollständigen Satz zu bilden, andere jedoch bis zu drei. Die Konstituenten, um die es geht, sind das Subjekt *(subject)*, die prädikative Ergänzung des Subjekts *(subject complement)*, das Objekt (direktes, indirektes und präpositionales Objekt – engl. *direct, indirect* und *prepositional object*), die prädikative Ergänzung des Objekts *(object complement)* und die adverbiale Angabe *(adverbial)*.

Jedes englische Prädikatsverb braucht mindestens eine nominale Ergänzung, das Subjekt. Verben, die nur diese eine Ergänzung verlangen, sind intransitiv. Das einfachste Satzmuster ist demnach (mit Beispielen):

S P

It is snowing.

The toilet does not work.

Das Verb *to be* erfordert neben dem Subjekt eine zweite Ergänzung, die sich auf das Subjekt zurückbezieht, die sogenannte prädikative Ergänzung. Das Verb *be* kann je nach Kontext durch eine Reihe von funktionsverwandten Verben wie *go, come, run, look, smell* etc. ersetzt werden:

S P C

She is rich/a millionaire.

She looks angry.

She turned sixty.

She went mad.

Eine kleine Gruppe von Verben bedarf der Ergänzung durch eine adverbiale Bestimmung:

S P A

This movie lasts 90 minutes.

Nobody lives here.

Transitive Verben verlangen mindestens ein Objekt, manche von ihnen sogar zwei. Diese Objekte können als nominale oder präpositionale Phrase realisiert sein:

S P O

The shopkeeper sold stolen goods.

S P O O

Granny read us stories.

I asked a policeman for help.

The villagers depend on the factory for their water supply.

Ebenso wie zum Subjekt gibt es auch zum Objekt eine prädikative Ergänzung:

S P O C

She called me a nerd.

Und auch manche transitive Verben verlangen eine weitere adverbiale Bestimmung:

S P O A

Who put the sugar in my coffee?

Kann man nun tatsächlich behaupten, daß alle auch noch so komplexen realen Sätze auf diese sieben einfachen Grundmuster rückführbar sind? Die Antwort ist ja, wenn man bedenkt, daß drei einfache, aber wirkungsvolle Ausbaustrategien zur Verfügung stehen.

Erstens läßt sich jede Konstituente auf einen erheblichen Umfang erweitern. Man vergleiche unser Beispiel *the shopkeeper insisted on immediate payment* und:

> Two more disgruntled local shopkeepers with a grudge against the troubled community centre insisted on immediate payment.

Oder:

> The shopkeeper would seem to be having to insist on immediate payment.

Zweitens lassen sich in jedes Kernmuster weitere adverbiale Bestimmungen einfügen, die räumliche, zeitliche und andere Begleitumstände der Verbalaussage bezeichnen, in unserem Fall:

> (A) S (A) P O (A)
>
> Last year the shopkeeper regularly insisted on immediate payment in two of his three outlets.

Drittens lassen sich alle nominalen Gruppen in einem Basismuster durch Nebensätze, sei es mit finitem oder nichtfinitem Verb als Kern, ersetzen, z.B.:

> S P + Objektsatz
>
> The shopkeeper insisted on all his customers paying their bills immediately.
>
> The shopkeeper insisted that all his customers (should) pay their bills immediately.

Dieser eingebettete Nebensatz richtet sich seinerseits an einem der sieben Grundmuster aus. In unserem Fall exemplifiziert er S P O (A). Und da alle drei Strategien kombiniert werden können bzw. wiederholt in einem Satz angewendet werden können, ist der Beweis für eine schon in der Einleitung gemachte Behauptung erbracht. Mittels einer begrenzten Zahl von Regeln, die über einer begrenzten Zahl von Einheiten operieren, schafft die Grammatik natürlicher Sprachen unbegrenzte Variationsmöglichkeiten.

Fachtermini, die in diesem Kapitel eingeführt wurden, und weitere Verweise auf das Glossar:
Ableitung, Adjektiv, Adverb, adverbiale Angabe, analytisch, *clause*, *cleft sentence*, Deklination, einfacher Satz, Ergänzung, finit, Flexion, Funktionswort, Grammatik, Hauptsatz, intransitiv, komplexer Satz, Konjugation, Konjunktion, Konstituente, Nebensatz, nichtfiniter Satz, nicht-restriktiver Relativsatz, Nominalphrase, Objekt, Passiv, Prädikat, prädikative Ergänzung, Präposition, Präpositionalphrase, Pronomen, restriktiver Relativsatz, Satz, Satzglied, Satzstellung, Spaltsatz, Subjekt, Substantiv, Syntax, synthetisch, transitiv, Typologie, Verb, Verbalphrase, Wortart.

Literatur:
Bei der Zusammenstellung von Literaturempfehlungen zur Grammatik wird erneut deutlich, daß es in der allgemeinen Sprachwissenschaft und in der sprachwissenschaftlichen Anglistik verschiedene Schwerpunktsetzungen geben muß. Eine große Zahl verschiedener Schulen entwickelt jeweils eigene Begriffe und Modelle für die Beschreibung der grammatischen Verhältnisse des Englischen. Wir werden im historischen Überblick über den Gang der Entwicklung der Linguistik im 20. Jahrhundert noch darauf zurückkommen. Doch haben Vertreter dieser Forschungsrichtungen bisher nur Fragmente einer englischen Grammatik vorgelegt, die den traditionellen Großgrammatiken zwar in einzelnen Bereichen durchaus überlegen sind, sie aufgrund ihrer Unvollständigkeit jedoch nicht ersetzen können. Ein Blick in eine Einführung in die „Government and Binding"-Theorie Chomskys oder die „funktionale Grammatik" nach Simon C. Dik lohnt sich auch für Anglisten, doch als eine im ganzen Fach einigermaßen respektierte umfassende Referenzgrammatik gilt in erster Linie:

Quirk, Randolph, Sidney Greenbaum, Geoffrey Leech und Jan Svartvik. *A Comprehensive Grammar of the English Language.* London: Longman, 1985.

Dieses Grammatikkompendium vereint das Bestreben nach empirischer Vollständigkeit, das traditionelle Großgrammatiken wie die des Dänen Otto Jespersen[18] auszeichnete, mit einer Offenheit für die Methoden und Ergebnisse neuerer linguistischer Forschung. Da es mit fast 1 800 Seiten Umfang etwas unhandlich für den studentischen Alltagsgebrauch ist, sei auch die Kurzfassung erwähnt, zu der ein Arbeitsbuch erschienen ist:

Quirk, Randolph, und Sidney Greenbaum. *A Student's Grammar of the English Language.* London: Longman, 1990. Arbeitsbuch von Sylvia Chalker. *A Student's English Grammar Workbook.* London: Longman, 1992.

Ein empfehlenswertes Wörterbuch der grammatischen Grundbegriffe ist:

Hurford, James. *Grammar: A Student's Guide.* Cambridge: Cambridge University Press, 1994.

[18] Otto Jespersen, *A Modern English Grammar on Historical Principles*, 7 Bde., Kopenhagen: Munksgard, 1909–1949.

V. Lexikologie und Semantik: die Bedeutung der Wörter

Bei der Untersuchung der Wortbedeutung befinden wir uns im Schnittpunkt von zwei linguistischen Teildisziplinen, nämlich der Lexikologie und der Semantik. Die Lexikologie befaßt sich mit der Beschreibung der Wörter einer Sprache in ihrer Form, ihrem Bedeutungsinhalt und ihrem Zusammenhang untereinander. Die Semantik geht von der allgemeineren Frage aus, wie wir mittels unserer Sprachen Bedeutung ausdrücken bzw. erzeugen. Viele semantische Phänomene – wie etwa die Negation von Aussagen – lassen sich nur auf der Ebene von Sätzen beschreiben. Auch die Referenz – die Herstellung des Bezugs zwischen einem sprachlichen Ausdruck und dem Gegenstand, den er meint – ist außer bei Eigennamen nicht durch die Nennung eines Wortes allein geleistet. Dennoch ist klar, daß auch die Semantik ein Interesse an der genauen Erfassung der Bedeutung eines Einzelwortes, und somit an lexikologischen Fragestellungen, haben muß.

Auch die Lexikologie hat der Linguistik ein auf *-em* endendes Wort „geschenkt", das Lexem. Meist gleichbedeutend mit dem alltagssprachlichen Begriff „Wort" gebraucht, bezeichnet es stabile Grundeinheiten des Wortschatzes auf der Ebene der *langue*. Einmalbildungen mit nur im jeweiligen Kontext erschließbarer Bedeutung wie *Euro-junkie*[19] können also unberücksichtigt bleiben. Grammatische Varianten – wie *brings, brought, bringing* für *bring* – würden ebenfalls einem abstrakten Lexem, schreiben wir es der Distinktivität halber BRING, zugeordnet.

Die Bedeutung eines Wortes oder sprachlichen Ausdruckes kann man aus zwei Richtungen in den Blick nehmen. Entweder man geht vom bezeichneten Gegenstand, Begriff oder Sachverhalt aus und schaut, wie diese sprachlich erfaßt werden (onomasiologische Vorgehensweise), oder man beginnt mit dem sprachlichen Zeichen selbst und untersucht, auf welche außersprachlichen Inhalte es verweist (die semasiologische Vorgehensweise). Die onomasiologische Vorgehensweise eignet sich besonders gut, wenn man regionale Unterschiede im Lexikon einer Sprache erfassen will. Stellt man einen britischen Informanten vor ein Auto und

[19] In Analogie zu Bildungen wie *sports-junkie, fast-food junkie* oder *TV-junkie* könnte das Wort als leicht abschätzige Bezeichnung für Personen dienen, die nach mehr europäischer Integration gieren.

bittet um Benennung seiner Teile, wird er mit *numberplate, bonnet, windscreen, boot* etc. antworten, während ein Amerikaner für dieselben Teile die Bezeichnungen *licence plate, hood, windshield* und *trunk* wählen wird. Bei der semasiologischen Betrachtungsweise hingegen könnte man von einem Wort, zum Beispiel *trunk*, ausgehen und zeigen, daß es im amerikanischen wie im britischen Englisch die Bedeutungen „Baumstamm", „großer Koffer/Truhe", „Rumpf" und „Rüssel" hat, im amerikanischen Englisch jedoch zusätzlich auch noch im Sinn von „Kofferraum" verwendet wird. Wir werden uns im folgenden weitgehend auf die semasiologische Betrachtungsweise beschränken.

Für die Darstellung der Bedeutung eines Wortes gibt es zwei Modelle, die je nach Beschreibungsgegenstand mit wechselndem Erfolg angewandt werden.

Das erste ist die Merkmalssemantik *(feature semantics)*, die die Wortbedeutung mit Hilfe einer Liste semantischer Merkmale definiert. Das Wort *girl* etwa erschiene als Verknüpfung der Merkmale:

[+ human] [– adult] [– male][20]

Die Bedeutung des Wortes *woman* dagegen setzt sich in einer solchen Analyse zusammen aus den Merkmalen:

[+ human] [+ adult] [– male]

Zwei dieser Merkmale, nämlich [male] und [adult], haben über die menschliche Sphäre hinaus Bedeutung und lassen sich auch für die Differenzierung von Tierbezeichnungen wie *stallion, mare, colt* und *filly* anwenden. Dort, wo es um differenziertere Erfassung von Bedeutungen geht, haftet dem Verfahren jedoch eine gewisse weltfremde Künstlichkeit an. Das Wort *spinster* zwänge uns, ein zusätzliches Merkmal [unmarried] einzuführen. Der Vergleich mit *bachelor* zeigt, daß *spinster* eher für ältere Frauen verwendet wird und zudem einen negativen Unterton hat, was unter Umständen durch die Merkmale [elderly] und [derogatory] formalisiert werden könnte. Je feinkörniger die Analyse werden soll, desto schwerfälliger wird jedoch der benötigte Beschreibungsapparat – bis zu dem Punkt, daß man für die Lösung eines jeden Problems ein eigenes *feature* postulieren muß, das man – anders als [male], [adult] oder [derogatory] – sonst nirgends mehr verwenden kann und das daher keinen über den Einzelfall hinausgehenden Erkenntniswert hat.

Das zweite Verfahren ist die Prototypensemantik, die der Unschärfe natürlicher menschlicher Sprachen Rechnung trägt und postuliert, daß

[20] Diese Setzung ist willkürlich. Es könnte auch [+ female] heißen.

wir die Kernbedeutung eines Wortes als Prototyp gespeichert haben, den wir flexibel auf den jeweiligen Redegegenstand anwenden. Der Prototyp des Vogels etwa ist gefiedert, klein, singt, kann fliegen, hat einen Schnabel und legt Eier. Kolibri und Rotkehlchen erfüllen diese sechs Vorstellungen, die wir mit dem idealen Vogel verbinden, in hervorragender Weise. Das Huhn, der Pinguin, der Vogel Strauß versagen in der einen oder anderen Richtung, können unter den Begriff jedoch noch subsumiert werden, während Rieseninsekten und Fledermäuse sich für die Mitgliedschaft in der Klasse der Vögel nicht mehr qualifizieren.

Die Prototypensemantik ist psychologisch realistisch, indem sie von einer ganzheitlichen Erfassung eines Begriffes ausgeht und Platz für kontextspezifische Variationen läßt. Ein henkelloses Kleingefäß mit Untertasse ist kein sehr gutes Beispiel für eine *cup*, wenn es Tee enthält, aber eine *bowl*, wenn Suppe drinnen ist. Dasselbe Gefäß mit einem Henkel wäre wohl in jedem Falle eine *cup*, ganz egal, was drinnen ist. Interessanterweise wäre ein Gefäß gleicher Größe und Form keine Tasse mehr, sobald statt des einen Henkels zwei vorhanden wären, und für diejenigen, die wissen, daß Teetassen in chinesischen Restaurants oft keine Henkel haben, gibt es eine Zusatzbedingung bei der Benennung von Gefäßen mit fernöstlichem Dekor.

Die Prototypensemantik ist also offensichtlich besser an die psychologischen Verstehensabläufe angepaßt als die etwas starre und formelhafte Merkmalssemantik. Dennoch stellt sich die Frage, ob eine linguistische Beschreibung, die bis in alle Verästelungen die geschlungenen Pfade unseres alltagssprachlichen Verhaltens erkundet, in wünschenswertem Ausmaß zu verallgemeinerbaren Aussagen gelangen kann. Schon als Korrektur zur gelegentlichen Schlamperei, zu der die Prototypensemantik einlädt, kommt der Merkmalssemantik in der sprachwissenschaftlichen Modellbildung daher auch nach wie vor eine wichtige Rolle zu.

Weithin gebräuchlich ist bei der linguistischen Beschreibung des Wortinhalts die Unterscheidung zwischen der Denotation, dem Bedeutungskern, und der Konnotation, den emotionalen, regionalen oder schichtenspezifischen Untertönen, die bei der Nennung eines Wortes mitschwingen. Wer sagt, *somebody croaked* oder *somebody passed away*, sagt denotativ dasselbe wie *somebody died*, doch ist der erste Ausdruck bewußt gefühllos und vulgär, ein Dysphemismus, der zweite hingegen beschönigend-umschreibend, ein Euphemismus. Das Wort *lad* im britischen Englisch signalisiert zusätzlich zu seiner Denotation „young man" je nach Kontext eine Herkunft des Sprechers aus Nordengland („a Yorkshire lad") oder eine Identifikation des Sprechers mit der Arbeiterklasse („me and the other lads working on the shop floor ...").

Eine der „Schlampereien", die – wie wir schon wiederholt feststellen konnten – zum Wesen natürlicher Sprachen gehören, ist die Bedeutungsvielfalt oder Polysemie: eine Form wird nicht eindeutig einer einzigen Bedeutung zugeordnet. Das Adjektiv *plain* etwa vereint in sich zumindest folgende Grundbedeutungen: „flach", „einfach", „deutlich" und „ungeschmückt". Alle diese Bedeutungen sind zwar verschieden, zwischen einzelnen von ihnen lassen sich jedoch gewisse Gemeinsamkeiten feststellen, und historisch haben sie sich – z.B. durch metaphorische Verwendung von Beschreibungskennzeichnungen als Werturteile – auseinanderentwickelt. Der Vorteil von Polysemie ist klar: Zwar besteht die Gefahr der Ungenauigkeit, doch bleibt die Zahl der phonetischen Wörter wesentlich unter der Zahl der mit ihnen ausdrückbaren Begriffe.

Von der Polysemie nicht immer scharf zu trennen ist die Homonymie, der lautliche Zusammenfall zweier Wörter, die von ihrer Bedeutung her nichts miteinander zu tun haben, wie z.B. *die* „sterben" und *die* „Würfel".

Kann man von der Beschreibung der Bedeutung des Einzelwortes fortschreiten zu einer linguistischen Beschreibung der Struktur des Wortschatzes einer Sprache? Diese Frage läßt sich mit einem vorsichtigen Ja beantworten. Der Wortschatz (oder das Lexikon) einer Sprache ist zwar kein in sich geschlossenes und kohärentes System, allerdings aber auch nicht eine unstrukturierte Menge von Einzellexemen. Vielmehr ist er in sich partiell geordnet. Beginnen wir mit der Beschreibung der elementaren semantischen Beziehungen, die zwischen jeweils zwei Wörtern bestehen. Diese sind die Bedeutungsgleichheit (Synonymie), der Bedeutungsgegensatz (Antonymie) sowie die Unter- bzw. Überordnung (Hypo-/Hyperonymie).

Angewandt auf natürliche Sprachen ist der Begriff Bedeutungsgleichheit nur annäherungsweise zu verstehen. *Loneliness* und *solitude* etwa haben einen wichtigen denotativen Bedeutungsaspekt gemeinsam, nämlich die Abgetrenntheit von menschlicher Gemeinschaft. Bei der Bewertung des Zustandes unterscheiden sich die beiden Termini jedoch ganz erheblich: *loneliness* ist oft negativ besetzt und unfreiwillig erduldet, während sich *solitude* in durchaus positiver Weise auf den selbstgewählten Rückzug aus der menschlichen Gemeinschaft – etwa zum Zwecke der Kontemplation – beziehen kann. „Solitude is the richness of self, and loneliness is the poverty of self", umschreibt die amerikanische Lyrikerin Mary Sarton die Verhältnisse. *The Loneliness of the Long Distance Runner* ist deshalb der angemessene Titel für Alan Sillitoes Novelle, denn diese handelt ja bekanntermaßen von den Problemen eines Jugendlichen im Erziehungsheim, während der amerikanische Philosoph Ralph

Waldo Emerson seine Sammlung philosophischer Essays *Some Fruits of Solitude* nennt. Dort wo – vielleicht, weil die Bewertung des Zustandes keine Rolle spielt – beide Wörter im Prinzip austauschbar wären, gibt es stilistische Konnotationen, die zu einer differenzierten Verwendung führen. *Loneliness* gehört der Allgemeinsprache an, *solitude* führt eine gewählte, schriftsprachliche Note ein. Wir finden hier eine der Erklärungen für den ungeheuren Ausdrucksreichtum, den eine Sprache in den Händen geschickter Benutzer erlangen kann. Es kommt nicht darauf an, jedem Phänomen ein Wort gleichsam als Etikett anzuhängen, sondern in nuancenreicher „Umkreisung" durch vorhandene Begriffe den „leeren Raum" zwischen den Wörtern mit Inhalt zu erfüllen: Der Ausdruck *a calm solitude distilled from tortuous loneliness* erscheint uns so je nach Stimmung als sinnloses Gewäsch oder als elegante sprachliche Fassung eines Gedankens, den wir zwar selbst schon empfunden haben, jedoch niemals so hätten ausdrücken können.

Bedeutungsgegensätze treten vor allem in zwei Formen auf. Komplementärbegriffe sind absolute Gegensätze, die einander ausschließen und zwischen denen es keine Übergänge gibt. Das Wortpaar *alive* und *dead* ist ein Beispiel. Antonyme sind Begriffe mit gegensätzlicher Bedeutung, die durch Zwischenstufen relativer Intensität miteinander verbunden sind, z.B. *clever* und *stupid*. Wer nicht *clever* ist, ist deswegen nicht notwendigerweise schon *stupid*, und auch innerhalb der beiden durch diese Adjektive bezeichneten Bereiche sind Abstufungen möglich. Es ist ein Kennzeichen vieler solcher Antonympaare, daß ein Element neutral ist, das zweite jedoch schon die Annahme impliziert, daß die Kennzeichnung zutrifft. *How clever are they?* ist eine offene Frage, die jede Antwort von *very clever* bis *very stupid* zuläßt. *How stupid are they?* setzt voraus, daß „sie" als dumm anzusehen sind. Da viele solche Asymmetrien übereinzelsprachlich gültig sind, spiegeln sie wohl fast universelle psychologische Einstellungen von Sprechern wider, die sich lieber als reich, klug, schön und groß denn als arm, dumm, häßlich und klein sehen.

Solche Oppositionen, bei denen ein Element neutral oder „merkmallos", das andere jedoch in irgendeiner Weise zusätzlich markiert, also „merkmalhaft" ist, finden sich nicht nur in der Semantik. In der Grammatik zum Beispiel geht man davon aus, daß die Verwendung des Aktivs häufig und normal ist und daher nicht weiter begründet werden muß, während das Passiv als seltenere Form merkmalhaft und seine Verwendung besonders motiviert ist. Anlaß zu sprachplanerischen Reformbemühungen gibt in jüngster Zeit die in den meisten europäischen Sprachen verbreitete Tendenz, maskuline Formen als merkmallose Ausdrücke zu behandeln, die das Femininum mit einschließen können. *Man* und *wo-*

man sind so – je nach Kontext – ein Gegensatzpaar *(we employ 200 men and 89 women)* oder Ober- und Unterbegriff *(man is a thinking being)*. Der zweite Gebrauch, in dem *woman* nicht mehr genannt wird, sondern unter *man* subsumiert sein soll, wird vielfach als anstößig empfunden. Sprachwissenschaftler können solche „sexistischen" Sprachgebräuche zwar beschreiben, einordnen und somit bewußt machen; ob sie allerdings weiter in Gebrauch bleiben, hängt vom Grad ihrer Integration in die Sprachstruktur und der Intensität des gesellschaftlichen Widerstandes gegen sie ab.[21]

Die Bedeutung eines Hyponyms ist in der seines Hyperonyms oder Überbegriffs enthalten; *knives, forks* und *spoons* zum Beispiel sind Elemente der Klasse *cutlery* (Besteck).

Wie komplex das Spiel mit Synonymie, Antonymie, Polysemie und Homonymie schon in recht alltagssprachlichen Kontexten werden kann, sei am folgenden Beispiel verdeutlicht, das aus einer eher unerwarteten Quelle kommt. Die amerikanische Rap-Gruppe *Public Enemy* nennt eine ihrer CDs *Greatest Misses*. Was läßt uns bei diesem Titel schmunzeln? Wir kennen viele Kompilationen von *Greatest Hits*, wissen aber auch, daß der Gegenbegriff zu einem *hit* im musikalischen Sinn nicht ein *miss* ist. *Miss* ist das Gegenteil von *hit* in ganz anderer Bedeutung, nämlich „mit einer Schußwaffe treffen". Die Gruppe spielt also ganz offensichtlich mit ihrem schlechten Renommee, das sie wegen ihrer teilweise obszönen und gewalttätigen Songtexte in der Öffentlichkeit hat, und wir überlegen uns vielleicht mit etwas weniger Schmunzeln „who they wanna hit", eine Vorstellung, die auch durch das Logo der Gruppe – ein Mensch im Rasterkreis eines Zielfernrohrs – nahegelegt wird.

Alle bisher besprochenen semantischen Relationen beziehen sich meist auf zwei Elemente, doch treffen wir im Wortschatz auch Bereiche weitergehender Strukturierung an. Ein Versuch, solche Strukturen linguistisch darzustellen, ist das Wortfeld, in dem sinnverwandte Wörter um einen Kernbegriff angeordnet werden, von dem sie sich idealerweise in jeweils einem klar definierbaren Merkmal unterscheiden. Ebenso makaber wie als Illustrationsbeispiel geeignet ist das Wortfeld *kill*. Eine Reihe von Begriffen differenziert nach dem juristischen Status des Tö-

[21] Beim Gegensatzpaar *Tag* und *Nacht* sind die Verhältnisse im übrigen strukturell vergleichbar: wer vierzehn Tage nach England fährt, verbringt natürlich auch die Nächte dort, wer nur bei Tag reist, sagt hingegen, daß er während der Nacht nicht vor die Tür geht. Diese Privilegierung des Wortes *Tag* gegenüber seinem Antonym (bzw. Hyponym) *Nacht* fällt uns jedoch nicht weiter auf – wohl weil es nicht um Menschen geht.

tungsaktes: *murder, execute*; eine andere nach Art des Vorgehens: *strangle, drown, hang*; eine weitere nach Zahl der Opfer: *decimate, massacre, exterminate*; eine schließlich enthält Euphemismen und Dysphemismen: *liquidate, put away, croak*. Das Prinzip der Organisation eines Wortfeldes ist damit wohl dargestellt; es gäbe natürlich noch mehrere Dutzend Begriffe, die sich auf analoge Weise einordnen ließen.

Eine grundsätzliche Frage, die gestellt werden muß, ist die nach dem Zusammenhang zwischen der Semantik (bzw. dem Lexikon einer Sprache) und ihrer Grammatik. Man könnte annehmen, daß das Sprechen bzw. Schreiben darin bestünde, daß man die Wörter, die man braucht, um einen jeweils gewünschten Bedeutungsinhalt auszudrücken, nach den Regeln der Grammatik zu Sätzen und diese zu längeren Texten verknüpft. Oder – bezogen auf die Situation eines Menschen, der eine Fremdsprache lernt –, daß es genügt, die wichtigen Wörter und die grundlegenden Regeln der Grammatik zu kennen, um sich einigermaßen natürlich auszudrücken. So einfach ist die Sache allerdings nicht. Im Übergang zwischen Lexikon und Grammatik gibt es eine Reihe von zusätzlichen Einschränkungen der Kombinierbarkeit von Wörtern, die hochgradig sprachspezifisch und kaum systematisch beschreibbar sind. „Eine Entscheidung treffen" heißt es auf deutsch, aber *to make a decision* auf englisch. Die umgekehrte Fassung, **eine Entscheidung machen* bzw. **to meet a decision*, ist völlig unmöglich. Solche Beschränkungen in der Kombinierbarkeit von Wörtern untereinander, die sich weder grammatisch noch durch außersprachliche Logik begründen lassen, führen dazu, daß Sprachen eine Fülle von gewohnheitsmäßig bevorzugten Wortverbindungen oder Kollokationen enthalten, deren korrekter Gebrauch den muttersprachlichen Sprecher auszeichnet und deren Erlernung für Nichtmuttersprachler eine lebenslange Herausforderung darstellt.

Ein Sonderfall der Kollokation ist die Redewendung (engl. *idiom*), ein weitgehend unveränderlicher Ausdruck, dessen Bedeutung sich nicht mehr aus der Summe der Bedeutungen seiner Bestandteile ableiten läßt. *Yesterday Mary spilled the beans on Roger* hat nichts mit dem Verschütten von Nahrungsmitteln zu tun, sondern heißt soviel wie „Mary plauderte über Roger aus dem Nähkästchen" (um einen ebenso unmotivierten idiomatischen Ausdruck aus dem Deutschen anzubringen). Feststehende Redewendungen können nur in sehr begrenztem Umfang grammatisch modifiziert werden. Natürlich kann *spill* in *spill the beans on someone* in alle Zeiten gesetzt werden und das *-s* der 3. Person Singular erhalten. Es ist aber unmöglich, das transitive Verb *spill* in dieser Verwendung ins Passiv zu setzen. *The beans were spilled on Roger* läßt nur mehr die wörtliche Lesart zu.

Die Ergebnisse von Lexikologie und Semantik sind von praktischer Bedeutung für die Tätigkeit der Lexikographen, der Verfasser von Wörterbüchern.

Die englische Lexikographie hat, nicht zuletzt deswegen, weil der große Markt für englische Wörterbücher zu einem Wettbewerb finanzstarker Großverlage geführt hat, ein sehr hohes Niveau erreicht. Studierende der Anglistik kommen in erster Linie mit zweisprachigen Wörterbüchern und einsprachigen Lernerwörterbüchern in Berührung. Letztere kommen dem Nichtmuttersprachler dadurch entgegen, daß sie mit mehr oder weniger Erfolg versuchen, neben der Wortbedeutung auch grammatische und kollokationelle Verwendungsbedingungen der Wörter darzustellen, also genau die Information zu bieten, die der nichtmuttersprachliche Lerner braucht.

Ein Monument der englischen Lexikographie ist das *Oxford English Dictionary* (kurz *OED*), das mittlerweile, wie eine Anzahl von anderen Wörterbüchern auch, auf CD-ROM erhältlich ist. Es dokumentiert „alle" Wörter des gegenwärtigen englischen Wortschatzes in allen ihren aktuellen wie mittlerweile verschwundenen Bedeutungen anhand authentischer Textzitate und gibt Auskunft über ihre etymologische Herkunft. Als historisch-etymologisches Wörterbuch dient es vor allem Linguisten und sprachinteressierten Laien als Quelle. Aufgrund seiner umfassenden Dokumentation lohnt sich der Blick auf die oft sehr umfangreichen Einträge zu ideologisch behaftetem Wortgut (z.B. *orthodox, liberal, revolution, luxury*) jedoch auch für Literaturwissenschaftler und Historiker.

Synonymwörterbücher (oder Thesauri) ordnen den Wortschatz nicht alphabetisch, sondern nach Sachgruppen an.[22] Rückläufige Wörterbücher ordnen den Wortschatz in rückläufig alphabetischer Reihenfolge, was ein Linguist, der auf einen Blick alle englischen *-ness*-Ableitungen sehen will, sicher zu schätzen weiß. Zum kleinen Benutzerkreis eines solchen Werkes gehören vielleicht auch Poeten, die auf andere Weise keine Reimwörter finden. Chronologische Wörterbücher ordnen den Wortschatz nach dem Datum des Erstbelegs. Neologismenwörterbücher enthalten „neue Wörter", d.h. Wörter, die erst ab einem bestimmten Zeitpunkt in unserem Jahrhundert belegt sind. Enzyklopädische Wörterbücher verbinden linguistische und sachliche Information (etwa Lebensdaten bekannter Persönlichkeiten) und haben besonders in den Vereinigten Staaten eine lange Tradition. Wer sich über das Angebot an

[22] Sie wären also die Quelle für denjenigen, der die oben skizzierte Darstellung des Wortfeldes *kill* vervollständigen wollte.

Wörterbüchern zum modernen Englisch näher informieren möchte, sei auf die einschlägigen anglistischen Fachbibliographien für Studienanfänger verwiesen, die im Anhang aufgeführt sind.

Fachtermini, die in diesem Kapitel eingeführt wurden, und weitere Verweise auf das Glossar:
Antonym, Denotation, Dysphemismus, Etymologie, Euphemismus, Homonym, Hyperonym, Hyponym, *idiom*, Kollokation, Konnotation, Lexem, Lexikographie, Lexikologie, Metapher, Metonymie, onomasiologisch, Phraseologismus, Polysemie, Prototypensemantik, Referenz, Semantik, semasiologisch, Synonym, Wortfeld.

Weitere Literatur:

Leisi, Ernst. *Praxis der englischen Semantik*. 2. Aufl. Heidelberg: Winter, 1985.
Lipka, Leonhard. *An Outline of English Lexicology*. 2. Aufl. Tübingen: Niemeyer, 1992.
Lyons, John. *Semantics*. 2 Bde. Cambridge: CUP, 1977.
Lyons, John. *Linguistic Semantics: An Introduction*. Cambridge: CUP, 1995.

VI. Textlinguistik, Stilistik, Pragmatik

Die abenteuerliche Überschrift dieses Kapitels, in der drei doch recht unterschiedliche Bereiche der Linguistik vereint sind, findet eine einfache Erklärung in der Beschränkung des Umfangs der vorliegenden Einführung. Doch auch inhaltlich gibt es eine Gemeinsamkeit zwischen den drei genannten Gebieten. Wo Phonologie, Morphologie oder Syntax das Sprachsystem im Auge haben und dort am erfolgreichsten sind, wo sie so tun, als ob es keine Sprecher, Hörer und Kontexte gäbe, wenden sich Textlinguistik, Stilistik und Pragmatik auf jeweils eigene Weise dem Studium der *parole* oder der sprachlichen Performanz zu.

Texte, ob gesprochen oder geschrieben, können linguistisch nicht angemessen beschrieben werden, wenn Sprecher, Hörer (bzw. Autor und Leser) und Kontexte unberücksichtigt bleiben. Stil ist in einer geläufigen linguistischen Definition der situationsangemessene Sprachgebrauch, im literaturwissenschaftlichen Verständnis die sprachliche Charakteristik eines Werkes bzw. Autors. In jedem Falle bleiben wir auf der Ebene der *parole* und können nicht – wie bei der Beschreibung von Phonologie und Grammatik – von den Absichten des Sprechers bzw. Autors und dem situativen und historisch-sozialen Kontext seiner Äußerung bzw. seines Textes absehen. Die Pragmatik schließlich definiert sich explizit als die sprachwissenschaftliche Untersuchung des Sprachgebrauchs und des sprachlich-kommunikativen Handelns: Kontext der Äußerung und Kommunikationspartner werden also nicht zum Zwecke der Modellbildung „wegabstrahiert", sondern rücken in den Mittelpunkt des Interesses.

In der sprachwissenschaftlichen Anglistik nehmen die drei hier behandelten Teilbereiche der Linguistik eine herausragende Stellung ein, weil sie eine wichtige Brücke zur Literaturwissenschaft darstellen. Begriffe wie „Stil", „Text" oder „Diskurs" sind grundlegend für Sprach- wie Literaturwissenschaft, was aber natürlich nicht heißt, daß Vertreter beider Gebiete darunter auch dasselbe oder ähnliches verstünden. Kenntnis der Grundlagen der jeweils anderen Disziplin kann aber keineswegs schaden.

1) Textlinguistik

Die Textlinguistik ist eine in schnellem Wachstum begriffene und wohl auch deshalb sehr heterogene Teildisziplin der Linguistik. Ihre

Grundeinsicht besteht in der Erkenntnis, daß sich schriftliche und gesprochene Texte nicht einfach als Ketten von Sätzen beschreiben lassen, sondern auf komplexere Weise strukturiert sind. Innerhalb der Textlinguistik kann man ganz grob zwischen Herangehensweisen unterscheiden, die nahe an der Ebene des Satzes bleiben („Mikro-Analyse"), und solchen, die größere Einheiten in den Mittelpunkt der Analyse stellen („Makro-Analyse"). Was die Mikro-Analyse betrifft, sind vor allem die Forschungen zur sogenannten funktionalen Satzperspektive zu nennen, die sich mit der Informationsverteilung innerhalb eines Satzes und über Satzgrenzen hinweg befassen. In dieser Analyse zerfällt ein Satz in sein Thema, wahlweise als bekannte, vorausgesetzte oder im Text schon genannte Information definiert, und in sein Rhema, die „neue" Information, die die Kommunikation weitertreibt. Als Normalfall gilt die Abfolge „Thema – Rhema"; Abweichungen davon sind zulässig, gelten aber als stilistisch auffällig. Man vergleiche folgenden „Minimaltext":

> Michelangelo designed the grand cupola of St. Peter's in Rome.
> But Sangallo did not complete it until after his death.

Für den ersten Satz nehmen wir „Michelangelo" als Thema, den Rest als Rhema. Der zweite Satz widersetzt sich einer solchen Analyse. „Sangallo" wurde noch nie erwähnt, während im zweiten Teil des Satzes zweimal durch Pronomina *(it – the grand cupola* und *his – Michelangelo)* Bezug auf zuvor Erwähntes genommen wird; die Abfolge ist also „Rhema – Thema". In diesem Text ist die Abweichung vom Normalfall kein Zeichen geglückter stilistischer Emphase; er liest sich einfach holprig und könnte wie folgt verbessert werden:

> Michelangelo designed the grand cupola of St. Peter's in Rome,
> but it was not completed until after his death by Sangallo.

Durch die Verwendung des Passivs ist es uns gelungen, die Normalabfolge „Thema – Rhema" herzustellen.

Ein Beispiel für eine textlinguistische Makro-Analyse ist die Textsortentypologie, die versucht, Texte in Klassen einzuteilen und diesen sprachliche und andere Merkmale zuzuordnen. Eine naheliegende Grobeinteilung ist die Klassifizierung in geschriebene und gesprochene Texte, mit interessanten Zwischenformen wie der feierlichen Rede, die für den mündlichen Vortrag geschrieben wird, und der Botschaft auf dem Anrufbeantworter, die zwar gesprochen wird, bei der aber die Abwesenheit des menschlichen Ansprechpartners irritieren kann. Mikro- und Makro-Analyse verbinden sich in der Untersuchung eines zentralen textlinguistischen Problems. Wie tragen sprachliche Signale der Kohäsion – Anaphern, Konjunktionen, diejenigen Satzadverbien, deren primäre Aufgabe in der Verkettung von Sätzen besteht – zur Stiftung inhaltlicher Kohärenz bei?

2) Stilistik

Die Tradition der Stilistik läßt sich bis in die antike Rhetorik zurückverfolgen, der wir auch viele nach wie vor verwendete Begriffe zur Bezeichnung rhetorischer Stilmittel verdanken. Man denke in diesem Zusammenhang etwa nur an Hendiadyoin (engl. *hendiadys*), die Zwillingsformel, durch die ein komplexer Begriff zur Intensivierung in zwei nebengeordnete Ausdrücke aufgespalten wird – etwa *your cup of tea is nice and hot* für *nicely hot* – oder den Chiasmus, die Überkreuzstellung von zwei Begriffspaaren – *when the going gets tough, the tough get going*.

Da die Sprachwissenschaft ihre Aktivitäten hier auf ein bereits gut bestelltes Feld ausdehnte, erschöpft sich ihr Beitrag oftmals in einer Neuordnung und Systematisierung des tradierten Wissens. Doch hat die linguistische Stilistik in einigen Bereichen unser Verständnis des Phänomens „Stil" auch auf eigenständige Weise gefördert. Geschärft wurde der Blick dafür, daß Stil nicht bloß eine Eigenschaft literarischer Werke, sondern aller Texte ist, daß literarische Sprache kein eigenes Register darstellt, sondern das Resultat schöpferischen und originellen Umgehens mit den Stilmitteln, die in unserer Alltagssprache schon angelegt sind. Wo die traditionelle literaturwissenschaftlich orientierte Stilistik sich oftmals auf das Sammeln von Detailbeobachtungen beschränkte, betonen neuere linguistische Arbeiten die Notwendigkeit eines ganzheitlichen Zuganges zum Phänomen „Stil". Nicht nur lautliche, morphologische und grammatische Besonderheiten fungieren als Stilmittel, sondern auch die Art und Weise, wie Sprecher oder Autoren mit den pragmatischen Kommunikationsnormen umgehen. Die Frage des „Diskurses", der zeittypischen sprachlichen Konventionen beim Reden über gesellschaftlich umstrittene Themen wie Geschlechterbeziehung oder Rassenfrage, wird auf diese Weise der systematischen Erforschung zugänglich. Die Stilistik könnte dabei als Untersuchung der formalen Seite sprachlicher Inhalte oder als inhaltliche Deutung sprachlicher Formen definiert werden.

Eine Diskussion der Frage, wie in der Sprache Form und Inhalt zusammenhängen – die gebräuchliche „Gefäß und Füllung"-Metapher ist hier bei weitem zu einfach –, würde den Rahmen der vorliegenden Publikation sprengen. Worum es dabei aber im Prinzip ginge, läßt sich holzschnittartig verkürzt an einem Beispiel[23] zeigen:

> Nigger girls are too stupid to go to college.
>
> Black females have been shown to perform as well in college as white women of a comparable class background.
>
> There is no evidence that black and white women from a comparable class background differ in their academic potential.

Die erste Aussage hat einen rassistischen Inhalt und drückt ihn in rassistischer Terminologie aus. Die zweite Aussage hat zwar keinen rassistischen Inhalt, doch ist der sprachliche Duktus dennoch nicht vorurteilsfrei. Für die schwarzen Studentinnen wird der Begriff *female* verwandt, d.h. ein Begriff der Menschen und Tiere bezeichnet, für die weißen jedoch das ausschließlich auf Menschen beziehbare *women*. Die Lehre, die wir aus diesem Beispiel (und ähnlichen) ziehen können, ist, daß wir gewisse gesellschaftlich übliche Denkhaltungen nicht schon deshalb überwunden haben, weil wir uns bewußt gegen sie wenden. Wir schleppen sie vielleicht als automatisierte Redegewohnheiten immer noch mit uns. Die dritte Aussage enthält keine rassistischen Urteile, und auch die sprachliche Form ist neutral.

Die Art und Weise, wie sich unsere heutigen „Diskurse", d.h. unsere Art des Redens über gesellschaftliche Verhältnisse, Liebesbeziehungen oder Gefühle ganz allgemein, historisch entwickelt haben, ist somit ein fruchtbares Feld für die Zusammenarbeit zwischen einer ganzheitlich vorgehenden linguistischen Stilistik und der Literaturwissenschaft.

3) Pragmatik

Das umfassendste der drei im Titel dieses Kapitels genannten Gebiete ist zweifellos die Pragmatik. Ihr Forschungsgegenstand – die sprachliche Äußerung als kommunikative Handlung – erfordert Offenheit gegenüber benachbarten Disziplinen aus den Geistes- und Sozialwissenschaften wie z.B. der Philosophie oder der Soziologie und Anthropologie. Innerhalb der Linguistik erweist sich die Abgrenzung zur Semantik als schwierig.

Als Faustregel gilt: Die Semantik befaßt sich mit der kontextinvarianten Bedeutung von Wörtern und Sätzen, mit der potentiellen Bedeutung einer sprachlichen Struktur, die Pragmatik hingegen mit der je spezi-

[23] Beim folgenden Beispiel folge ich in groben Zügen Mary Sykes, „Discrimination in Discourse", in Teun A. Van Dijk, ed., *A Handbook of Discourse Analysis*, Bd. IV, London: Academic Press, 1985, p. 85.

fischen „aktuellen“ Bedeutung einer Aussage im Kontext. Nehmen wir an, ein Besucher aus Amerika und ein deutscher Student führen folgendes Gespräch an einem Sonntagnachmittag.

A: We're out of milk. I'll go and get some from the store.

D: This is Germany.

A: The gas station then.

In den meisten Orten der Vereinigten Staaten wäre ein ähnlicher Dialog dem Genre des absurden Theaters zuzuordnen. „This is Germany“ hat eine kontextinvariante Bedeutung, die mit den Mitteln der Satzsemantik beschrieben werden könnte. Der Satz ist eine sprachliche Zeigegeste, ein identifizierender Verweis auf das Land. Von einem Astronauten auf Erdumlaufbahn gesprochen, ist er in diesem wörtlichen Sinn eine vorstellbare Äußerung. Als Reaktion auf die Äußerung von A ist er aber nicht unmittelbar verständlich, ebensowenig wie die Reaktion, die darauf folgt.

Menschen, die ein Gespräch führen, sind jedoch in hohem Maße kooperationswillig und daher bereit, für jede, auch scheinbar unpassende Äußerung ihres Gegenübers zu unterstellen, daß sie sinnvoll und im Kontext relevant ist. A hat möglicherweise Schwierigkeiten, den Satz „This is Germany“ sofort zu verstehen, und wird daher im gemeinsamen Hintergrundswissen Anhaltspunkte für eine Interpretation suchen. „Er sagt mir, daß wir in Deutschland sind, weil dies in irgendeiner Weise für jemanden wichtig ist, der am Sonntagnachmittag Milch kaufen will. Er will mir also wohl bedeuten, daß das Lebensmittelgeschäft geschlossen ist.“ Die Antwort zeigt, daß der Hinweis verstanden und eine alternative Lösung – Einkauf in der Tankstelle – gefunden wurde.

Die Analyse von Gesprächen und die Aufdeckung der Gesprächsmaximen, d.h. der kooperativen Normen, die uns bei der Entschlüsselung kontextgebundener Bedeutung leiten, ist ein erster wichtiger Teilbereich der Pragmatik. Andere Untersuchungsrichtungen konzentrieren sich eher auf die sprachlichen Mittel, die uns helfen, uns als Sprecher und unsere Äußerungen im Kontext zu situieren. Es geht um Deixis, den Kontextverweis, und die Deiktika, sprachliche Mittel wie Pronomina, Tempora und einzelne Adverbien, die ihn leisten.

I am working here now

drückt aus, daß der Sprecher („I“) sich mit seiner Aussage auf den unmittelbaren Redekontext („here“, „now“) bezieht. In:

I work there now

hat sich ein deiktisches Detail geändert. Zwar bezieht sich die Aussage immer noch auf den Sprecher und die Gegenwart, der Ort jedoch ist aus dem unmittelbaren Kontext gerückt: nicht mehr „here", sondern „there". In der indirekten Rede ändern sich die deiktischen Verweise, die in einer Äußerung enthalten sind, ebenfalls. Je nach Kontext ließen sich zu unserem Beispiel folgende Varianten vorstellen:

> She said that she was working there then.
>
> She said that she was working here then.
>
> She said that she was working there now.
>
> She said that she is working here now.
>
> She said that she is working there now.
>
> usw.

Das erste Beispiel spiegelt den Modellfall indirekter Rede. Ein anderer Sprecher berichtet an einem anderen Ort und zu einem anderen Zeitpunkt, was gesagt wurde; alle deiktischen Verweise auf den Kontext müssen entsprechend geändert werden. In den übrigen Beispielen ändert sich der Sprecher und der Ort oder der Zeitpunkt, für den die berichtete Aussage gültig ist, nicht jedoch beides gleichzeitig; jeweils ein deiktischer Verweis auf den Originalkontext bleibt daher erhalten.

Aus der Tatsache, daß nach unserer Alltagserfahrung kein Mensch sich an zwei Orten gleichzeitig aufhalten kann bzw. mit zwei Stimmen gleichzeitig sprechen kann, ergeben sich gewisse Einschränkungen bei der Kombination deiktischer Elemente. Die Äußerung:

> tomorrow was the 4th of July

etwa erscheint uns verwirrend, weil das deiktische Zeitadverbial *tomorrow*, das auf die Zukunft verweist, mit dem Präteritum, einem Tempus der Vergangenheit, kombiniert wird. Wenn wir uns denselben Satz aber als Beginn einer Erzählung vorstellen, erkennen wir in ihm das literarische Stilmittel der erlebten Rede. Zwar wird in der dritten Person, d.h. aus der Perspektive eines Erzählers, und im Vergangenheitstempus des Präteritums berichtet, doch wird diese externe Perspektive durch eine zweite, den unmittelbaren Horizont der Figur, überlagert, und Fern- und Nahdeixis gehen eine charakteristische Mischung ein. Das Beispiel zeigt wiederum, wie Einsichten der sprachwissenschaftlichen Anglistik unmittelbar relevant für die literaturwissenschaftliche Seite des Studiums werden können. Die linguistische Teildisziplin der Pragmatik bietet einen wichtigen Anhaltspunkt für die Entschlüsselung des Phänomens der literarischen „Erzählperspektive".

Ein weiterer Aspekt der Pragmatik, der sich im Rahmen einer sprachwissenschaftlichen Anglistik ebenfalls als anregend erweist, ist das vergleichende Studium kommunikativer Konventionen in verschiedenen Gesellschaften. Ausdrucksformen der Höflichkeit etwa divergieren im Englischen und Deutschen. Wer sich an deutsche Konventionen hält, ist „auf deutsch" und in Deutschland höflich. Wer diesen Konventionen aber unbewußt auch dann folgt, wenn er englisch spricht, kann unhöflicher klingen, als er es beabsichtigt.

Gerade der Blick auf einen Aspekt der Höflichkeit, nämlich die Konventionen der informellen Anrede – deutsch „mit Du", englisch in Ermangelung eines Du/Sie-Kontrastes als „address on first-name terms" bezeichnet – zeigt aber auch, daß sich die Konventionen innerhalb eines Sprachraums, etwa zwischen den USA und Großbritannien, stärker unterscheiden können als über Sprachgrenzen hinweg. Wer sich mit pragmatischen Fragen beschäftigt, befaßt sich sehr oft mit den sprachlichen Symptomen von Erscheinungen, die jenseits der Sprache verankert sind, und hat somit nur noch ein Bein in der Linguistik.

Fachtermini, die in diesem Kapitel eingeführt wurden, und weitere Verweise auf das Glossar:
Anapher, Chiasmus, Deixis, Diskurs, funktionale Satzperspektive, Gesprächsanalyse, Hendiadyoin, Implikation, Implikatur, Kohärenz, Kohäsion, Maxime, Pragmatik, Register, Rhema, Stil, Text, Textlinguistik, Textsorte, Thema.

Weiterführende Literatur:

Levinson, Stephen C. *Pragmatics*. Cambridge: CUP, 1983.

Leech, Geoffrey, und Michael Short. *Style in Fiction: A Linguistic Introduction to English Fictional Prose*. London: Longman, 1981.

Brown, Gillian, und George Yule. *Discourse Analysis*. Cambridge: CUP, 1983.

Eine besondere Form der Textlinguistik ist die „Critical Discourse Analysis", deren Vertreter sich nicht (nur) als deskriptive Linguisten, sondern auch als soziale Aktivisten verstehen; siehe z.B.:

Fairclough, Norman. *Critical Discourse Analysis: The Critical Analysis of Language*. London: Longman, 1995.

VII. Fehleranalyse, kontrastive Linguistik, Sprachtypologie

Der Vergleich zwischen der eigenen Muttersprache, meist dem Deutschen, und dem Englischen drängt sich den Studierenden des Faches Anglistik bei vielen Gelegenheiten in ihrem Studienalltag auf. Es liegt nahe, solchen alltäglichen Erfahrungen sprachwissenschaftlich auf den Grund zu gehen und sie damit nutzbar für den weiteren Studienverlauf zu machen. In der allgemeinen Sprachwissenschaft haftet den ersten beiden der drei in der Überschrift zu diesem Kapitel genannten Forschungsrichtungen allerdings der Ruf des Amateurhaften und wissenschaftlich Naiven an. Denn – so das Argument – welche Einsichten in das Wesen einer Sprache soll man aus vermurksten Sätzen, wie sie von Lernern leider produziert werden, gewinnen? Und was erhofft man sich aus dem mehr oder weniger systematischen Vergleich von zwei Sprachen, die ausschließlich deswegen herangezogen werden, weil eine zufällig die Muttersprache des Linguisten ist und die andere die Fremdsprache, die er am besten spricht? In der sprachwissenschaftlichen Anglistik allerdings ist durchaus Platz für solche Forschungen, wenn man mit der nötigen Vorsicht zu Werke geht und sich vor vorschnellen Verallgemeinerungen hütet, die auf der empirisch dürftigen Grundlage von Daten aus nur einem Sprachenpaar gemacht werden.

Die linguistische Fehleranalyse läßt sich am besten als sprachwissenschaftlich informierte kritische Begleitung des Lernprozesses definieren. Der Fehler wird nicht als Übel gesehen, das korrigiert und ad acta gelegt wird, sondern zum einen als notwendige Stufe auf dem Weg von einer unvollkommenen zu einer immer vollkommeneren Kompetenz in der Fremdsprache und – für den Lehrer – zum anderen als Signal, das Auskunft über den jeweils erreichten Grad der Beherrschung des fremdsprachlichen Regelwerks und somit auch Hinweise auf das weitere pädagogische Vorgehen gibt. Häufige Ursachen für Fehler sind die Übergeneralisierung von Regeln, die man gelernt hat und zu beherrschen glaubt – etwa die Ausdehnung der regelmäßigen Präteritums-Endung *-ed* auf Verben wie **catched* oder **thinked* – oder die Interferenz, die ungerechtfertigte Übertragung muttersprachlichen Regelwissens auf die Fremdsprache – etwa **they want that you go with them* in Anlehnung an *sie möchten, daß du mit ihnen gehst* (anstelle von korrektem *they want you to go with them*).

Das Studium der Literatur zur Fehleranalyse gibt einen Eindruck davon, welche Art von Fehlern in bestimmten Lernergruppen (z.B. Schülern oder Erwachsenen) in bestimmten Phasen des fremdsprachlichen Lernprozesses zu erwarten sind. Unabhängig von ihrem Wert für die theoretische Sprachwissenschaft haben solche Ergebnisse auf alle Fälle praktischen Nutzwert für Lehrer und Verfasser von Lehrwerken.

Die möglichst vollständige Erfassung von Quellen für Interferenzfehler durch systematische Untersuchung eines Sprachenpaars ist das Ziel der angewandten kontrastiven Linguistik. Von der Fehleranalyse unterscheidet sie sich in erster Linie durch die Blickrichtung. Wo die Fehleranalyse vom Studium der Lernersprache auf die Fehlerursache schließt, macht die kontrastive Linguistik Vorhersagen über Schwierigkeiten bzw. zu erwartende Fehler, indem sie die strukturellen Systeme von Mutter- und Zielsprache vergleicht.

Die theoretische kontrastive Linguistik verzichtet auf didaktische Ratschläge und gibt einen Überblick über die Gemeinsamkeiten und Unterschiede zweier Sprachen ohne unmittelbaren Anwendungsbezug. Solche Unterschiede können relativ isolierte Detailphänomene betreffen. So fällt zum Beispiel auf, daß der umgangssprachliche deutsche Satz:

Hans spannte Friedrich die Freundin aus

nicht direkt übersetzt werden kann. Zwar kann man, die Perspektive der Freundin einnehmend, sagen:

Karin two-timed on Friedrich and Hans

(was wiederum nur unzulänglich ins Deutsche übertragen werden könnte, da offen bleibt, wer mit wem betrogen wird, eine Festlegung, zu der das Deutsche zwingt), doch der ursprüngliche Gedanke wird in dieser Wiedergabe doch sehr weitgehend umgeformt.

Die Auflistung solcher sprachlicher Anekdoten hat sicher ihren Reiz und vielleicht sogar einen gewissen praktisch-didaktischen Wert. Ihr Erkenntniswert ist allerdings gering. Priorität genießen daher systematische Unterschiede, bei denen ein Erklärungsprinzip eine große Zahl von Einzelkontrasten abdeckt. Eine kürzlich erschienene Arbeit zur deutsch-englischen kontrastiven Linguistik[24] etwa hat darauf aufmerksam gemacht, daß im Englischen Verben weit öfter als im Deutschen zur Spezifizierung von grammatischen Beziehungen im Satz und über Satz-

[24] Günter Rohdenburg, „Aspekte einer vergleichenden Typologie des Englischen und Deutschen", in Claus Gnutzmann, ed., *Kontrastive Linguistik*, Frankfurt: Lang, 1990, p. 133–152.

grenzen hinweg eingesetzt werden. *Dieser Stoff wurde für höchste Ansprüche entwickelt* heißt es im Deutschen, *this fabric was designed to meet the highest possible standard* wäre die wahrscheinliche englische Übersetzung. *Ich schaue, wer an der Tür ist* ist gutes Deutsch, *I'm looking to see who is at the door* heißt es auf Englisch. Einem verblosen deutschen *Geld für alle diese Rechnungen* könnte ohne weiteres englisches *money to help pay all these bills* entsprechen, und so fort. Die Verwendung der englischen Verben *meet, see, help* und *pay* ist zumindest ebensosehr stilistisch-grammatisch wie semantisch motiviert. Auf jeden Fall zeigt die Probe aufs Exempel, daß die entsprechenden englischen Sätze und Ausdrücke, wenn wir die Verben weglassen, etwas unnatürlich und in einem Fall sogar falsch klingen: *this fabric was designed for the highest possible standard, ?I'm looking who is at the door* und *money for all these bills.*

Der theoretische Einwand gegen diese Art des paarweisen Sprachvergleichs – daß es nämlich für das Englische überhaupt nicht wichtig sei, daß man gewisse Dinge im Deutschen anders mache und daß die Basis solcher Vergleiche durch Heranziehung weiterer Sprachen beliebig verändert werden könne – bleibt bestehen. Doch wenn die kontrastive Sprachbetrachtung das Stilgefühl des Studierenden oder seine Fähigkeiten als Übersetzer auch nur ein wenig schult, hat sie im Rahmen eines Anglistikstudiums ihren Zweck nicht ganz verfehlt.

Wahrscheinlich gibt man der kontrastiven Linguistik ihre Respektabilität zurück, indem man sie an die Sprachtypologie anbindet, jenen Bereich der allgemeinen Sprachwissenschaft, der sich mit den Grenzen der Variabilität natürlicher Sprachen beschäftigt. Durch Untersuchung vieler Sprachen hat man zum Beispiel festgestellt, daß in Relativsätzen nicht alle Satzglieder gleich einfach durch ein Relativpronomen ersetzt werden können, sondern daß es eine Hierarchie der Relativierbarkeit gibt, die wie folgt aussieht:

> Subjekt > Objekt > Präpositionalphrase > Possessivphrase > Komparativphrase

Dies ist so zu lesen, daß Relativsätze, in denen das Pronomen Subjektsfunktion hat, in vielen Sprachen und häufig vorkommen:

> the man who gave you this leaflet
>
> der Mann, der dir dieses Faltblatt gab

Damit ist in einigen Sprachen das Spektrum möglicher Relativsatztypen auch schon ausgeschöpft. Im Deutschen wie im Englischen kann das Relativpronomen aber ohne weiteres auch als Objekt fungieren:

the man who(m) you saw first

der Mann, den du als erstes sahst

Die Sprachen, die auch die nächsten beiden Schritte auf der Skala zulassen, sind nicht mehr sehr zahlreich, das Deutsche und das Englische gehören aber noch dazu:

the man about whom we talked

der Mann, über den wir sprachen

the man whose shirts I iron

der Mann, dessen Hemden ich bügle

Man beachte hier allerdings, daß es im Englischen die Möglichkeit gibt, die Präposition ans Ende des Satzes zu stellen:

the man who(m) we talked about

the man that we talked about

the man we talked about

Wir sind auf der Hierarchie jetzt eine Stufe zurückgestiegen; das Resultat klingt weniger gestelzt, und die Zahl der formalen Varianten ist größer. Aber zurück zum letzten, schwierigsten und in den Sprachen der Welt seltensten Typ des Relativsatzes, den mit Relativpronomina, die als Komparativphrasen fungieren. Im Deutschen gibt es sie nicht, im Englischen sind sie gerade noch möglich:

a man than whom you will not find a more suitable candidate

* ein Mann, als den du keinen geeigneteren Kandidaten finden wirst

a level lower than which we must not sink

* ein Niveau, tiefer als das wir nicht sinken dürfen

Ohne die Ergebnisse der Sprachtypologie hätten wir diesen Unterschied zwischen den beiden Sprachen wohl feststellen können, doch eine Einordnung in einen Erklärungshorizont wäre nicht möglich gewesen. Mit der in der Sprachtypologie erarbeiteten Hierarchie der Relativierbarkeit von Satzgliedern können wir feststellen, daß a) das Deutsche wie das Englische ein im Vergleich mit den Sprachen der Welt sehr reichhaltiges Inventar von Relativsatztypen haben und b) das englische System um genau eine Stufe weiter ausgeprägt ist. Der Sprachkontrast betrifft zwei benachbarte Stufen auf einer übereinzelsprachlich gültigen Skala, ist also minimal und normal. Eine kleine linguistische Sensation hingegen wäre es gewesen, wenn wir hätten feststellen können, daß das englische System so ist, wie es ist, das Deutsche jedoch nur Relativpronomina als Objekte und Possessivphrasen zuließe. Wir müßten folgern, daß das Englische eine im Weltmaßstab „normale" Sprache darstellt, das Deutsche – vielleicht durch einen kleinen lautgeschichtlichen Betriebsunfall – vorübergehend aus dem syntaktischen Gleis gelaufen ist.

Fachtermini, die in diesem Kapitel eingeführt wurden, und weitere Verweise auf das Glossar:
Fehleranalyse, Interferenz, Übergeneralisierung, (sprachliches) Universale.

Weiterführende Literatur:

Croft, William. *Typology and Universals*. Cambridge: Cambridge University Press, 1990.

Hawkins, John A. *The Comparative Typology of English and German: Unifying the Contrasts*. London/Sydney: Croom Helm, 1986.

Mair, Christian. *Englisch für Anglisten*. Tübingen: Stauffenburg, 1995. [Ein Überblick über die deutsch-englische kontrastive Linguistik.]

VIII. Dialektologie, Soziolinguistik, Englisch als Weltsprache

Im späten 19. Jahrhundert und zu Beginn des 20. Jahrhunderts (also gerade zu dem Zeitpunkt, als der schon in der Einleitung erwähnte Ferdinand de Saussure den Blick von der oberflächlichen Vielfalt der sprachlichen Erscheinungsformen auf das dahinterstehende strukturelle System lenkte), erlebte die detaillierte Erforschung regionaler Sprachformen, die Dialektologie, eine erste große Blüte.

Der Schwerpunkt der Dialektologie lag anfänglich auf der Beschreibung ländlicher und bäuerlicher Dialekte, die sich in geographischer Abgeschiedenheit und unter den Bedingungen vorindustrieller gesellschaftlicher Strukturen im Laufe von Jahrhunderten herausgebildet hatten. Regionale Aussprachemerkmale, grammatische Formen oder Wörter wurden gesammelt, beschrieben und oft auf Landkarten eingetragen, wodurch sogenannte Isoglossen sichtbar gemacht werden konnten, die die Grenzen der Verbreitung einer bestimmten Form markierten.

Wenn man sich zum Beispiel in England von Süden nach Norden bewegt, stellt man fest, daß sich die Aussprache des Vokals in Wörtern wie *some* und *run* nördlich einer Linie, die sich etwa von Peterborough über Northampton bis nach Hereford an der walisischen Grenze erstreckt, von /ʌ/ zu /u/ ändert. Der derzeitige Verlauf dieser Isoglosse ist aus Abbildung 1 (S. 63) ersichtlich.

Die Standardaussprache /ʌ/ geht auf eine Londoner Neuerung des 17. Jahrhunderts zurück, die sich allmählich ausbreitete. Wir können also annehmen, daß die Isoglosse zu früheren Zeiten weiter südlich verlief.

Daß es zwischen dem Süden und dem Norden Englands Dialektunterschiede gibt, ist auch linguistischen Laien nicht verborgen geblieben. Die dialektologische Erforschung von Isoglossenverläufen führt aber dennoch zu vertiefter Einsicht in sprachliche Variation. Sie kann zum Beispiel zeigen, wie differenziert sich die Übergänge zwischen dialektalen Großräumen gestalten. So ist zum Beispiel – besonders in grenznahen Übergangsgebieten – nicht garantiert, daß eine /u/-Aussprache eines Informanten in *some* oder *run* sich auch in *money* niederschlägt. In vielen nördlichen Dialekten korreliert die /u/-Aussprache mit anderen typisch nördlichen Dialektmerkmalen wie kurzem /a/ in Wörtern wie

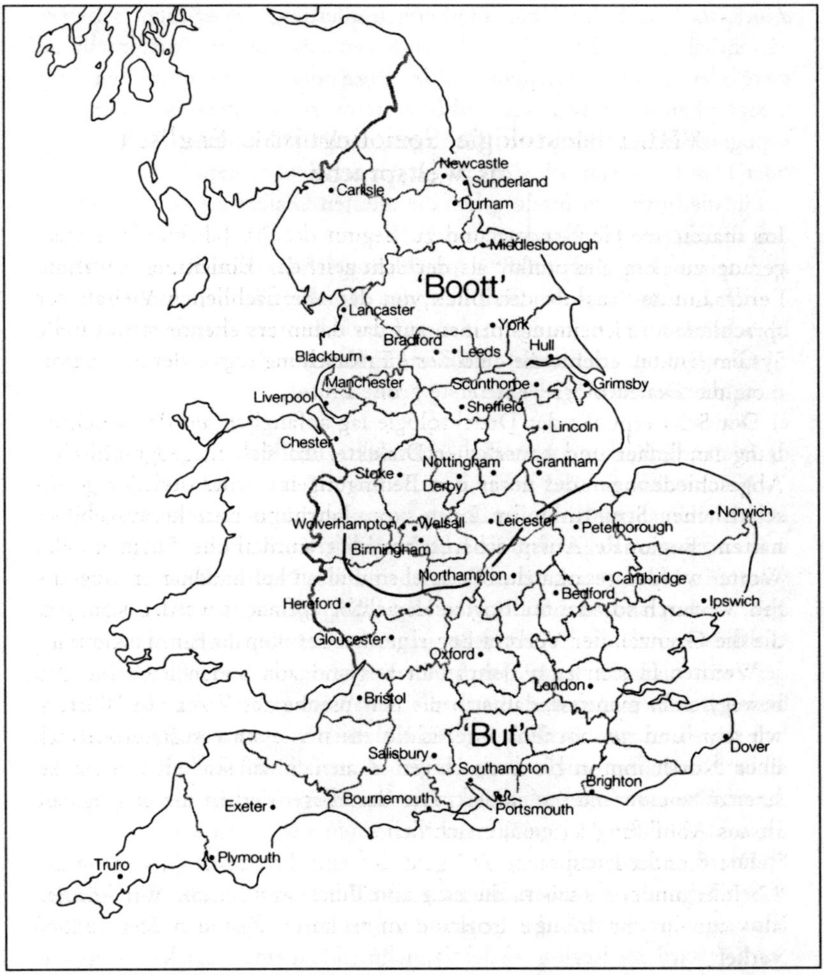

Abb. 1

(aus Peter Trudgill, *The Dialects of England*, Oxford: Blackwell, 1990, p. 52)

dance, staff, path. Im Übergangsbereich allerdings ist es nicht schwer, Mischdialekte nachzuweisen, die eine Tendenz zur /u/-Aussprache in *some* oder *but* mit südlichem /ɑː/ in *dance* oder *path* kombinieren. Für Geographen und Historiker sind Isoglossenverläufe interessant, wenn sie topographischen Barrieren (Gebirgen, nicht kultivierten Waldzonen) oder Handelswegen (Flüssen, wichtigen Straßen) folgen.

Für die britischen Inseln gehen die meisten Dialektologen von folgenden dialektalen Großräumen aus:

a) England: England umfaßt – sprachlich gesehen – drei Regionen, nämlich London und den Südosten, den Norden und den Südwesten.
b) Schottland: Hier unterscheidet man zwischen der Zentralregion (von Glasgow bis Edinburgh) und den Highlands mit ihren dem Standard näherstehenden Dialekten.[25]
c) Wales
d) Irland: Irland weist starke schottische Einflüsse im Norden und Nachwirkungen des keltischen „Substrats“ im Süden auf.

In den ehemaligen Kolonien finden sich ausgeprägte Dialekte nur selten und zumeist in Regionen, die früh besiedelt wurden oder lange isoliert waren. In Nordamerika zum Beispiel sind dies Neufundland, das ländliche Neuengland, die Südstaaten der USA entlang der Atlantik- und Golfküste sowie die isolierten Bergregionen der Appalachen. Die erst ab der zweiten Hälfte des 19. Jahrhunderts systematisch erschlossenen und besiedelten Regionen des amerikanischen Westens hingegen sind sprachlich sehr homogen. In den jüngeren Kolonien wie etwa Australien, Neuseeland oder den englischsprachigen Zonen Südafrikas gibt es kaum Ansätze zu einer internen dialektalen Ausdifferenzierung des Englischen, obwohl sich die drei genannten Varietäten insgesamt vom britischen Standard unterscheiden.

Seit Beginn der Industrialisierung und Verstädterung kommt der Dialektologie ihr Forschungsgegenstand immer mehr abhanden. In größeren Städten wird der Regionaldialekt zunehmend zu einer sozialen Gruppensprache der Armen und wenig Gebildeten. An die Stelle der traditionellen Dialekte, die sich von der Hochsprache in Aussprache, Grammatik und Vokabular unterscheiden, treten Ausgleichsformen. Von Regionalakzenten etwa sprechen wir, wenn Grammatik und Vokabular sich

[25] Dieser auf den ersten Blick überraschende Zustand – ausgeprägte Dialekte in dicht besiedelten Siedlungsräumen und Standardnähe im abgelegenen Hochland – kam deshalb zustande, weil die Highlanders erst relativ spät anglisiert wurden und lange an ihrer keltischen Sprache, dem Gälischen, festhielten. Die zentralschottischen Dialekte hatten also länger Zeit, um sich eigenständig zu entwickeln.

weitgehend dem Standard annähern, die Aussprache jedoch regional gefärbt bleibt. Umgekehrt entwickeln sich grammatische Formen, die zwar nicht dem Standard entsprechen, aber in bestimmten sozialen Schichten durch die gesamte englischsprachige Welt verbreitet sind: Die doppelte Verneinung *(I don't know nothing about that)*, die Form *ain't (isn't, haven't*, wie in *I ain't got none)* oder der Gebrauch von *don't* mit *he/she/it (he don't know nothing about that)* gehören dazu. An die Stelle des traditionellen Regionaldialekts ist also ein Soziolekt getreten, eine Varietät einer Sprache, die nicht mehr nach ihrem geographischen Verbreitungsgebiet, sondern nach der Schichtenzugehörigkeit ihrer Sprecher beschrieben werden muß.

Gerade in städtischen Ballungsräumen müssen Sprecher ihr sprachliches Repertoire auch stark erweitern – die Sprache am Arbeitsplatz, in der Familie und im Freundeskreis kann stark variieren –, und die Massenmedien tragen den Standard und populäre Minderheitendialekte in die entlegensten Gebiete. Ob die Fiktion vom monodialektalen Sprecher für den mittelalterlichen Bauern zugetroffen hat, wissen wir nicht. Für den heutigen Stadtbewohner dürfen wir sie jedoch getrost als unzureichend aufgeben.

Die umfassende Erforschung des Einflusses sozialer Variablen (Schichtenzugehörigkeit, regionale und/oder ethnische Herkunft, Alter, Geschlecht, etc.) ist der Forschungsgegenstand der Soziolinguistik, die man auch als die urbanen Räumen und industriellen Gesellschaften angemessene zeitgemäße Ausprägung der Dialektologie bezeichnen könnte. An die Stelle der Isoglosse tritt das mit den Mitteln der sozialwissenschaftlichen Statistik erstellte sprachliche Schichtenprofil, wie es zum Beispiel William Labov in einer klassischen Untersuchung zur Aussprache des /r/ in Wörtern wie *hard* und *car* in New York City erstellt hat (siehe Abb. 2, S. 66).

Die Aussprache des sogenannten postvokalischen /r/ ist in den USA der nationale Standard, sein Fehlen ein historisch ererbtes regionales Dialektmerkmal der Region um New York City. Es kann nicht überraschen, daß die Oberschicht sich an den nationalen Standard hält, während die Unterschicht die Regionalaussprache am Leben erhält. Was jedoch überrascht, ist eine nicht nur in New York anzutreffende Geschlechtsspezifik: Frauen der unteren Mittelschicht orientieren sich sprachlich „nach oben", Männer dagegen eher „nach unten". Für die Erklärung solchen Verhaltens haben Soziolinguisten die Begriffe „offenes" und „verdecktes" Prestige geprägt. Offenes Prestige kommt dem Standard, der Hochsprache, zu, denn sie signalisiert Reichtum, Bildung,

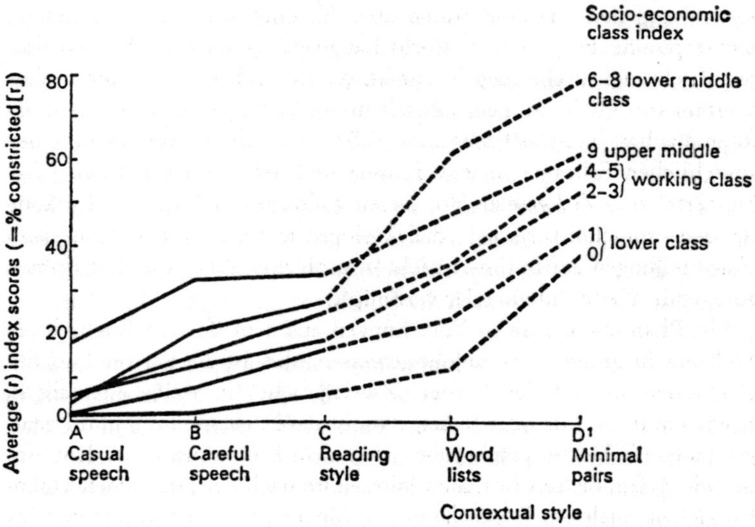

Abb. 2

(aus William Labov, „The Study of Language in its Social Context", in J.B. Pride und Janet Holmes, ed., *Sociolinguistics: Selected Readings*, Harmondsworth: Penguin Books, 1972, p. 192 [Erstveröffentlichung 1970])

soziale Mobilität, Kompetenz und – nicht direkt einsehbar, aber dennoch nachweislich – für viele Mitglieder der Sprachgemeinschaft auch Reinlichkeit. Da wohl die meisten Menschen lieber reich, erfolgreich und reinlich als arm, erfolglos und schmutzig wären, stellt sich die Frage, warum sich die Standardsprachen auf Kosten von Dialekten und Soziolekten nicht noch mehr ausbreiten. Hier spielt das verdeckte Prestige diverser Substandards eine Rolle. Diese stehen zwar nicht für sozialen Aufstieg und Erfolg, stiften jedoch einen solidarischen Zusammenhalt innerhalb der Subkultur. Das Paradox findet somit eine Lösung: Die Frauen der unteren Mittelschicht orientieren sich eher an den offiziellen Normen des gesellschaftlichen *mainstream*, die Männer an den subkulturellen Normen ihrer eigenen Schicht.

Die Soziolinguistik ist eine sprachwissenschaftliche Teildisziplin, die ihre Methoden und theoretischen Grundlagen unabhängig von einer bestimmten Einzelphilologie wie zum Beispiel der Anglistik gewinnt. Eine soziolinguistische Studie über München kann nach denselben Prinzipien vorgehen wie eine Studie über Birmingham. Der Forschungsschwerpunkt „English as a World Language" (EWL) dagegen ist eine spezifisch anglistische Angelegenheit, die sich seit ca. 1980 durch eine Vielzahl von Publikationen, Zeitschriftengründungen und Diskussionsforen etabliert hat. Das Fachgebiet „EWL" hat sich die Aufarbeitung des sprachlichen Erbes des British Empire und des „amerikanischen Jahrhunderts" zum Ziel gesetzt. Vor diesem kulturgeschichtlichen Horizont werden sprachhistorische, dialektologische und soziolinguistische Fragestellungen auf mitunter nicht unproblematische, aber fast immer anregende Weise miteinander verknüpft.

Ein Phänomen, dem in Forschungen aus dem Bereich Englisch als Weltsprache große Bedeutung beigemessen wird, ist die Verwendung des Englischen als „offizielle" oder „Zweitsprache" in vielen ehemaligen Kolonien. In Nigeria oder Indien etwa ist das Englische für kaum irgend jemanden die Muttersprache, aber auch nicht Fremdsprache in dem Sinne, wie es dies bei uns ist. Auch Jahrzehnte nach der politischen Unabhängigkeit spielt das Englische in den Medien, der Verwaltung und im Erziehungswesen dieser Länder eine große Rolle, und nur der Kontakt zur ehemals britischen Norm hat sich gelockert. Es kann nicht ausbleiben, daß sich in einer solchen Situation Eigentümlichkeiten in Sprachstruktur und Sprachverwendung etablieren, die all jene vor Rätsel stellen, deren Horizont nicht über das britische und amerikanische Englisch hinausgeht. In einem Artikel „New Deal Alone Can Pacify Harijans in Tamil Nadu" aus der *Times of India* vom 23.3.1978 steht folgender Satz:

> The hartal acted as an economic noose to the Harijans.

Während Wörter wie *bungalow, thug* oder *juggernaut* zwar aus indischen Sprachen entlehnt, mittlerweile jedoch in der gesamten englischsprachigen Welt bekannt sind, bleiben *hartal* – eine Form des zivilen Widerstands, bei der kleine Geschäftsleute und selbständige Handwerker „streiken" – und *Harijans* – ein Begriff, der soviel wie „Erwählte Gottes" bedeutet und von Gandhi für die vormals so bezeichnete Kaste der Unberührbaren eingeführt wurde – außerhalb Indiens unverständlich. Ein weiterer Satz aus demselben Artikel ist fast noch verfänglicher:

> A young Harijan woman was teased by a tomato seller.

Hier geht es nicht darum, daß eine junge Frau gehänselt wurde, sondern um einen sexuellen Übergriff – „Eve-teasing" ist ein indisch-englischer Euphemismus für derlei Verhalten.

Wo, wie in der Karibik, verschleppte afrikanische Sklaven zwar ihre eigene Kultur und Sprache aufgeben mußten, aber dennoch nicht die

Gelegenheit hatten, die Sprache der Kolonialherren zu erlernen, kam es zur Pidginisierung. Englisches Basisvokabular, erweitert um afrikanische, portugiesische, niederländische oder andere Elemente, eine äußerst primitive Minimalgrammatik und eine afrikanische Akzentgrundlage flossen zu einem „Pidgin" zusammen, das sowohl für die Verständigung zwischen Pflanzern und Sklaven als auch der Sklaven untereinander diente. Vor allem von den Kindern, die in diesem Milieu aufwuchsen, wurde diese Hilfssprache sehr rasch zu Kreolsprachen ausgebaut, die sich in ihrem expressiven Potential nicht mehr wesentlich von „normalen" menschlichen Sprachen unterscheiden – ein Beweis für die sprachliche Kreativität des Menschen, die sich auch unter so widrigen Bedingungen wie dem System der Plantagensklaverei Bahn brechen konnte.

Heute, wo sich nach Abschaffung der Sklaverei und dem Aufbrechen der meisten isolierten bäuerlichen Gemeinschaften die soziale Mobilität stark vergrößert hat, sind die Grenzen zwischen den Kreolsprachen und dem Englischen unscharf geworden, und die entstandenen Mischformen sind verantwortlich für die immense soziolinguistische Komplexität, wie sie etwa für die anglophone Karibik heute typisch ist.

Für die sprachwissenschaftliche Anglistik ist der Forschungsschwerpunkt „Englisch als Weltsprache" wichtig, weil er den Blick über die bereits etablierten Normen des britischen und amerikanischen Standards hinaus lenkt – hin zu den sich herausbildenden weiteren muttersprachlichen Standardvarianten in der Republik Irland oder Australien, zu der großen Zahl mehr oder weniger stabiler Zweitsprachenvarianten und nicht zuletzt zu den kreolisierten Formen des Englischen, die – wenn die Zahl der Sprecher zum alleinigen Maßstab genommen wird – zwar ein Randphänomen darstellen, aufgrund ihrer komplexen geschichtlichen Entwicklung und Struktur für den sprachwissenschaftlich orientierten Anglisten aber eine faszinierende Herausforderung sind. Innerhalb der Anglistik insgesamt ist der Bereich „Englisch als Weltsprache" wichtig, weil er für Leser in Europa und Nordamerika die unabdingbare Voraussetzung für die informierte Auseinandersetzung mit den postkolonialen Literaturen in englischer Sprache schafft. Wer glaubt, sich aus deutscher Perspektive ohne gründliches Studium der sprachlichen Verhältnisse in Nigeria oder der anglophonen Karibik mit den Werken Wole Soyinkas (Nobelpreis 1986) oder Derek Walcotts (Nobelpreis 1992) befassen zu können, beweist damit wohl mehr als einen Anflug neokolonialistischer Arroganz.

Fachtermini, die in diesem Kapitel eingeführt wurden, und weitere Verweise auf das Glossar:
Altenglisch, Dialekt, Isoglosse, Kreol, Mittelenglisch, Norm, Pidgin, *Received Pronunciation*, Regionalakzent, soziale Variable, Soziolekt, Soziolinguistik, Standard, *Standard American English*, Substandard, Substrat, Variation, Varietät.

Weiterführende Literatur:

Trudgill, Peter. *The Dialects of England*. Oxford: Blackwell, 1990.
Wardhaugh, Ronald. *An Introduction to Sociolinguistics*. Oxford: Blackwell, 1986.

Den derzeit besten Überblick über die Erscheinungsformen des Englischen außerhalb Englands bieten:

Burchfield, Robert W., ed. *The Cambridge History of English*, Bd. V. Cambridge: CUP, 1995.
Wells, John. *Accents of English*. 3 Bde. Cambridge: CUP, 1982.

Eine anglistische Zeitschrift, die sich fast ausschließlich dieser Thematik widmet, ist *English World-Wide* (Amsterdam).

IX. Kurze Geschichte der Linguistik im 20. Jahrhundert

Die Geburtsstunde einer neuen Forschungsrichtung wie z.B. der deskriptiven strukturalistischen Linguistik läßt sich selten auf das Jahr genau festlegen. Neue Gedanken liegen in der Luft, Probleme in den Grundannahmen benachbarter Disziplinen werden offenkundig, und in einem solchen geistigen Klima bündeln sich die Anstrengungen vieler dann in einem Neubeginn. Dennoch ist es aus psychologischen wie mnemotechnischen Gründen günstig, solche Entwicklungen zu personalisieren und zu datieren, und der Beginn der „modernen" Linguistik wird üblicherweise auf das Jahr 1916, das Jahr der Veröffentlichung von Ferdinand de Saussures *Cours de linguistique générale*, festgesetzt. Es gehört zu den Ironien der Fachgeschichte, daß der Begründer der modernen Linguistik, der ja oftmals ein mangelndes Verständnis für die historischen Aspekte der Sprache nachgesagt wird, eine glänzende Karriere als Indogermanist hinter sich hatte und die umwälzenden Ideen des *Cours* erst drei Jahre nach dem Tod des Verfassers im Jahre 1913 der Öffentlichkeit zugänglich gemacht wurden, indem Schüler die Gedanken ihres Lehrers aufgrund von Vorlesungsmitschriften rekonstruierten.

Was waren die Grundgedanken de Saussures, die am Anfang unseres Jahrhunderts auf so fruchtbaren Boden fielen, daß sie innerhalb von zwei Jahrzehnten zu einer Neuordnung einer gesamten akademischen Disziplin führten?

Zuerst zu nennen ist die systematische Trennung zwischen diachronen (d.h. historisch vorgehenden) und synchronen (d.h. auf die ganzheitliche Erfassung des zu einem bestimmten Zeitpunkt funktionierenden Sprachsystems gerichteten) Untersuchungsmethoden. Wir wollen diese beiden unterschiedlichen Herangehensweisen an sprachliche Daten an einem kleinen Beispiel kurz illustrieren. Daß unser modernes englisches Wort *lady* auf ein altenglisches Kompositum zurückgeht, das aus *hlǣf*[26] (> ne. *loaf*) und *dige* bestand, sich in etwa also als „Teigkneterin" übersetzen ließe, ist ein Resultat einer diachronen Untersuchung des englischen Vokabulars. Im frühen Mittelenglischen wurde die Kompositum-Struktur des Wortes verdunkelt und *lady* zu einem eigenständigen Morphem umgedeutet. Mit der Beschreibung dieses Prozesses haben wir einen

[26] Der Balken über altenglischen Vokalen und Diphthongen signalisiert Länge.

Beitrag zur Geschichte des englischen Wortschatzes geleistet, doch nichts gesagt zur Funktion des Wortes *lady* (bzw. seiner historischen Vorstufen) in den jeweiligen Sprachsystemen. Dies wäre Gegenstand einer synchronen Analyse. In einer solchen synchron vorgehenden Untersuchung ließe sich fragen, wie sich das Wort in das Feld der Bezeichnungen für Frauen einfügt, sich also von *woman, spinster* oder *(a) female* unterscheidet. Die Termini *synchron* und *diachron* sind nicht einfach Synonyme für „modern" und „historisch". Wenn wir Sprachwandel im heutigen Englisch untersuchen, gehen wir in der Gegenwart diachron vor, und wenn wir das strukturelle System der altenglischen Tempusformen beschreiben, arbeiten wir synchron auf einer früheren Sprachstufe.

Wie alle binären Einteilungen ist auch die in synchrone und diachrone Linguistik ebenso nützlich wie grobschlächtig. Beim Studium sprachlicher Variation verliert der Gegensatz seinen Sinn. Synchrone regionale Variation, etwa zwischen zwei Dialekten, erweist sich als Spiegel einer diachronen Entwicklung in der Sprachgeschichte. Wir stellen zum Beispiel fest, daß das sogenannte postvokalische /r/[27] früher in allen Varianten des Englischen ausgesprochen wurde, dann im 18. Jahrhundert, ausgehend vom englischen Südosten, stumm wurde und erkennen die synchrone Verteilung dieses Merkmals als Resultat – und Spiegelbild – dieser Entwicklung. Im amerikanischen Standardenglisch, das im 18. Jahrhundert schon etabliert war (nicht jedoch in allen amerikanischen Regionaldialekten), konnte die britische Neuerung nicht mehr Fuß fassen. In Großbritannien hat sich die Neuerung im Standard und in den meisten südost- und zentral-englischen Regionaldialekten durchgesetzt, nicht jedoch in den Randgebieten wie Schottland oder Cornwall. Das australische und neuseeländische Englisch haben im allgemeinen kein postvokalisches /r/ und dokumentieren damit ihren zeitlich späten und regional klar definierten Ursprung im englischen Südosten des frühen 19. Jahrhunderts.

Ebenso weit verbreitet wie das Gegensatzpaar *synchron/diachron* ist auch Saussures strikte Unterscheidung zwischen *langue* und *parole*, auf die wir schon in der Einleitung näher eingegangen sind. Die radikale Abstraktion von Aspekten der Sprache, die als nebensächlich empfunden werden – von den Feinheiten regionaler und sozialer Variation über Äußerungsabsichten von Sprechern bis zu Bedeutungsnuancen, die erst

[27] Ein solches postvokalisches /r/ findet sich zum Beispiel in Wörtern wie *hard* und *car*. Prävokalisches *(rock)* und intervokalisches /r/ *(sorry)* werden nach wie vor in allen Varianten des Englischen artikuliert.

im Zusammenspiel von Text und Kontext entstehen –, erwies sich als der Motor von Fortschritten in der Sprachwissenschaft ebenso wie als Crux der Disziplin. Die Saussure nachfolgenden Schulen der Sprachwissenschaft lassen sich unter anderem danach einteilen, bis zu welchem Grad sie dem Lehrmeister in der systematischen Trennung von Sprachsystem und Kommunikation, von Form und Funktion, von Sprache und Sprechern zu folgen gewillt sind.

Saussures dritter großer Beitrag zur „neuen" Sprachwissenschaft war sein Modell des sprachlichen Zeichens, dessen Wesen er in der symbolischen Repräsentation von Bedeutung durch Sprachlaute sah, wobei die Beziehung zwischen Laut und Bedeutung willkürlich („arbiträr") ist. Der Lautsequenz /iːgl/, dem *signifiant*, wird im Deutschen die Bedeutung „stacheliges Kleinsäugetier" als *signifié* zugeordnet, im Englischen dagegen „Adler". Innerhalb der jeweiligen Sprachgemeinschaften sind solche einmal etablierten arbiträren Zuordnungen allerdings verbindlich. Wer sie mißachtet, wird mißverstanden oder produziert Unsinn.

Saussures Ideen wurden in der Folge von seinen Schülern in seiner Heimatuniversität Genf aufgegriffen und weiterentwickelt, sehr bald jedoch auch international wirksam. Eine wichtige Rolle kommt dabei dem 1926 gegründeten Prager Linguistischen Kreis zu, dessen Mitglieder sehr weitreichende internationale Verbindungen pflegten. Der russische Emigrant Graf Nikolaj Trubetzkoy (1890–1938), Professor für slawische Sprachen in Wien, entwickelte die strukturalistische Phonemtheorie in ihrer klassischen Form und brachte damit Ordnung in einen Untersuchungsbereich, in dem vorher nicht immer scharf zwischen Buchstaben, Laut und Phonem geschieden worden war. Ein anderer russischer Emigrant, Roman Jakobson (1896–1983), machte sich besonders um die Verbreitung der strukturalistischen Arbeitsmethode in den Rand- und Nachbargebieten der Sprachwissenschaft, von der Literaturwissenschaft bis zur Aphasieforschung (der medizinischen Teildisziplin, die sich mit organisch bedingtem Sprachabbau befaßt) verdient.

In den Vereinigten Staaten erwarb sich die strukturalistische Schule, deren hervorragendster Vertreter Leonard Bloomfield (1887–1949) war, große Verdienste um die Beschreibung der Indianersprachen, von denen gerade im späten 19. und frühen 20. Jahrhundert eine große Zahl vom Englischen verdrängt wurde. Zwischen 1930 und ca. 1950 setzte sich Bloomfields Schule in den USA weitgehend durch, verlor aber vielleicht gerade wegen ihrer unbestreitbaren Erfolge etwas an innovativer Dynamik. Vor allem ihre Anlehnung an die behavioristische Psychologie, mit ihrem sehr mechanistischen Reiz-Reaktions-Modell, wurde ihr zum

Verhängnis, weil man auf diese Weise der sprachlichen Kreativität des Menschen nicht gerecht werden konnte. In der Phonologie und Morphologie erreichten die amerikanischen Strukturalisten zufriedenstellende Ergebnisse, schon bei der Grammatik kamen sie in Schwierigkeiten, und die Semantik wollten sie, im Wissen um die Beschränktheit ihrer Methode, nicht einmal anpacken.

Seit den späten fünfziger Jahren orientiert sich die Sprachwissenschaft vor allem in den USA, aber auch in der übrigen Welt, an den Ideen der „generativen“ Schule, deren Gründer und treibende Kraft Noam Chomsky (geb. 1928) ist. Das Adjektiv „generativ“ ist ein ursprünglich aus der Mathematik entlehnter Fachbegriff, der von Chomsky auf die Grammatiken natürlicher Sprachen angewendet wird, um deren Potential zu bezeichnen, aus einer begrenzten Zahl von Elementen und Regeln eine unendliche Zahl von Ausdrücken zu „generieren“. Generativisten, d.h. die Anhänger der generativen Grammatik, konzentrieren ihre Forschungen auf die Bereiche der Phonologie und der Syntax. Die Schule hat zur Beschreibung von grammatischen Regularitäten einen komplexen Formalismus entwickelt, der einen als Anglisten vor eine schwierige Entscheidung stellt. Entweder man widmet seine ganze sprachwissenschaftliche Energie der Aufgabe, diesen zu meistern, oder man läßt die umfangreiche Sekundärliteratur, die von Vertreterinnen und Vertretern dieser Schule verfaßt wurde, links liegen.

Einige Grundgedanken Chomskys sind aber für alle Linguisten anregend. Er geht davon aus, daß wir unsere Sprachen nicht so lernen, wie wir zum Beispiel andere komplexe kognitive Fähigkeiten wie Multiplizieren und Dividieren lernen. Vielmehr nimmt er an, daß wir als Vertreter der Spezies *homo sapiens* eine angeborene Universalgrammatik als Teil unserer genetischen Ausstattung mitbekommen, die es uns ermöglicht, die Sprache unserer Gemeinschaft zu erkennen, zu verstehen und zu gebrauchen. Eine Sprache zu lernen, heißt also nicht mehr das, was um einen herum gesprochen wird, aufzunehmen und im Gehirn zu verarbeiten, sondern die schon vorhandene generelle Sprachkompetenz auf den jeweils benötigten einzelsprachlichen Ausschnitt einzuengen und zu spezifizieren – eine elegante Lösung für ein Problem, an dem sich viele die Zähne ausgebissen haben: Wie sind wir in der Lage, aufgrund von sehr heterogenem sprachlichen *input* innerhalb weniger Jahre den Gebrauch sprachlicher Regeln zu beherrschen, die so komplex sind, daß wir sie als Erwachsene nicht verstehen?

In der Terminologie von Chomsky ausgedrückt, heißt dies, daß wir mit einer Universalgrammatik im Kopf auf die Welt kommen, die uns erkennen läßt, was sprachlich möglich ist und was nicht. Variation nach bestimmten „Parametern“ ist vorgesehen, und der sprachliche Input aus seiner Umgebung hilft dem Kind nur, die Parameter so zu setzen, wie es die Sprache erfordert, in die es hineinwächst. Der Sprachlernprozeß der Kinder ist deswegen so schnell und erfolgreich, weil sie, wenn sie einen „Parameterwert“ einmal erkannt haben, eine ganze Menge damit zusammenhängendes grammatisches Wissen automatisch miterhalten – ganz egal, ob sie entsprechende Strukturen nun gehört haben oder nicht.

Obwohl es für die Darstellung der generativen Grammatik nicht unbedingt erforderlich ist, soll abschließend nicht unerwähnt bleiben, daß Noam Chomsky ein intellektuelles Doppelleben führt: In der Sprachwissenschaft ist er als Linguist bekannt, eine breite amerikanische Öffentlichkeit jedoch kennt ihn aus vielen Veröffentlichungen und Medienauftritten als radikal-demokratischen Aktivisten und erbarmungslosen Kritiker der amerikanischen Außenpolitik.

Auch Chomskys linguistische Theorie ist durch und durch geprägt von der Abstraktion, die Saussure gefordert hat. *Parole*, oder in Chomskys eigener Terminologie: *performance*, ist zweitrangig. Gegenstand der Sprachwissenschaft ist nicht, wie man meinen möchte, die Sprache, sondern der generative Mechanismus, die Grammatik. Trotz einer Reihe von Versuchen, das Gegenteil zu beweisen, ist mittlerweile klar, daß die Ergebnisse der generativen Schule für angrenzende Disziplinen wie die Literaturwissenschaft, die Sprachdidaktik und auch die Computerlinguistik wenig interessant sind. Besonders letzteres mag überraschen, wenn man den aufwendigen mathematisch anmutenden Formalismus der Darstellung bedenkt, der in der generativen Schule gepflegt wird. In der kognitiven Psychologie und der Philosophie wirken die Thesen Chomskys sehr anregend, konnten bislang jedoch weder eindeutig erhärtet noch widerlegt werden. Diese Sachlage hat dazu geführt, daß sich viele ehemalige Anhänger von der Theorie abwenden und sich neue Ansätze ohne große Auseinandersetzung mit dem Generativismus einfach an ihm vorbei entwickeln.

Im engeren Forschungsbereich zur Grammatik gibt es Kontroversen vor allem um die Grundannahme der generativen Schule, daß die Syntaxen natürlicher Sprachen als autonome und wohldefinierte Systeme beschrieben werden müssen – autonom, weil die syntaktischen Strukturen sich nicht aus der Semantik oder den Anforderungen des Sprachgebrauchs herleiten lassen, und wohldefiniert, weil Kategorien und Regeln sich exakt im Formalismus der Theorie darstellen lassen sollten. Demgegenüber haben seit ungefähr zwei Jahrzehnten mehr und mehr Linguisten die Ansicht vertreten, daß grammatische Strukturen trotz ihrer Vielfalt und scheinbaren Arbitrarität sich letztendlich doch aus der Semantik und den Erfordernissen des Sprachgebrauchs herleiten lassen und daß grammatische Regeln sich daher nicht als formale Gesetze, sondern eher als Konventionen und statistische Tendenzen darstellen. Vertreter dieser neuen Sichtweise weisen etwa darauf hin, daß in englischen Kausativkonstruktionen, d.h. Konstruktionen, die ausdrücken, daß jemand oder etwas jemanden anderen oder etwas anderes dazu bringt, etwas zu tun, ein klarer Zusammenhang zwischen Bedeutung und formaler Struktur besteht. Der Grad der syntaktischen Integration steigt mit der Wirkkraft der Ursache:

The sergeant marched the soldiers into a ditch.

The sergeant made the soldiers march into a ditch.

The sergeant caused the soldiers to march into a ditch.

Im ersten Beispiel ist Kausativität lexikalisiert. Durch Null-Ableitung oder Konversion entstand aus dem intransitiven Verbum *march* das transitive *march*, „marschieren lassen“. An der Verantwortung des Offiziers bestehen keine Zweifel. Im zweiten Beispiel wird eine Struktur mit einem ähnlich hohen Grad der Integration verwendet, nämlich der Infinitiv ohne *to*, wie er zum Beispiel mit Modalverben vorkommt. Auch hier gehen wir davon aus, daß der Offizier bewußt handelte. Im dritten Beispiel ist der Zusammenhang zwischen Ursache und Folge etwas gelockert. Wir haben einen Infinitiv mit *to*, ein Zeichen größerer syntaktischer Selbständigkeit des Nebensatzes. Und wie von der Theorie vorausgesagt, erscheint der Offizier auf einmal nicht mehr notwendigerweise als bewußter Verursacher. Vielleicht hat sein Verhalten den Unfall nur zugelassen? Ersetzen wir den bewußten Anstifter durch eine leblose Wirkursache, wie zum Beispiel *fog*, stellen wir fest, daß Satz 1) nicht akzeptabel, Satz 2) grenzwertig akzeptabel und nur Satz 3) völlig normal ist:

1) *The fog marched the soldiers into a ditch.

2) ?The fog made the soldiers march into a ditch.

3) The fog caused the soldiers to march into a ditch.

Wie das Fragezeichen in 2) andeutet, ist an eine strenge Formalisierung dieser Verhältnisse nicht zu denken. Was wir als aktiven Anstifter bzw. als passive Wirkursache gelten lassen, ist in einem weiten Übergangsbereich uns selbst überlassen. Es gibt kein wohldefiniertes System mit regelwidrigen Ausnahmen, sondern widerstreitende Tendenzen, die im jeweiligen Kontext auf angemessene Weise wirksam werden. Alle

Schulen, die von der Voraussetzung ausgehen, daß sich grammatische Strukturen aus der Bedeutung und dem Sprachgebrauch erklären lassen, werden unter dem Oberbegriff „Funktionalismus" zusammengefaßt. Ein reger, aber nicht unumstrittener Verfechter solcher Ansichten ist zum Beispiel der amerikanische Linguist Talmy Givón, der in seiner trotz oder gerade wegen ihres kämpferisch-polemischen Untertons lesenswerten Monographie *On Understanding Grammar* (New York: Academic Press, 1979) mit der generativen Schule hart ins Gericht geht.[28]

Der Funktionalismus verzichtet im allgemeinen auf einen ausgefeilten Formalismus bei der Grammatikbeschreibung und ist auch wegen seiner Konzentration auf die Bedeutung und Verwendungsbedingungen grammatischer Strukturen für Anglisten attraktiv. Grammatische Forschungen im funktionalistischen Geist sind anregend und lassen auf weitere interessante Ergebnisse hoffen, doch stehen die meisten funktionalistischen Ansätze derzeit noch auf schwachen theoretischen Fundamenten. Es besteht die Gefahr, daß die Unschärfe und das kreative Chaos, das zu Recht als Wesensmerkmal natürlicher Sprachen gewürdigt wird, auch in die sprachwissenschaftliche Beschreibung übernommen wird.

An der generativen Schule vorbei haben sich seit ca. 1970 die Soziolinguistik, die Textlinguistik und die Pragmatik rasch entwickelt. Auf Untersuchungsgegenstände und Methoden dieser Teildisziplinen sind wir in den entsprechenden Kapiteln schon eingegangen. Insgesamt gilt auch hier: Die rasche Ausdehnung der Untersuchungsgegenstände und das schnelle Knüpfen interdisziplinärer Verbindungen fördern eine verwirrende Vielfalt von Begriffen und Methoden. Bloomfieldscher Strukturalismus oder generative Syntax mögen vom Standpunkt des Textlinguisten aus betrachtet als theoretische Dinosaurier erscheinen, die nur in engen Nischen existieren können. Doch haben sie etwas, das den Bindestrichlinguistiken derzeit noch fehlt: einen gemeinsamen theoretischen Horizont, der zwar eng und dogmatisch sein mag, der es aber allen, die auf einem Gebiet tätig werden, ermöglicht, sich über ihre Ergebnisse auf wissenschaftlich ernsthafte Weise zu unterhalten.

Mit unserem Überblick, der bei Saussure begann, über die Prager Schule zu Bloomfield und Chomsky führte und bei der kritischen Auseinandersetzung mit dessen Gedanken endete, haben wir eine Traditionslinie in der Geschichte der modernen Linguistik verfolgt. Je nach der

[28] Mittlerweile hat er seine Ideen auch in einer Grammatik des Englischen praktisch angewandt: Talmy Givón, *English Grammar: A Function-Based Introduction*, 2 Bde., Amsterdam: Benjamins, 1993.

Einzelphilologie, die man studiert, also Germanistik, Romanistik, Slavistik etc., ließen sich weitere Linien ziehen und Namen nennen. In der Anglistik gibt es eine Schule, die sich – wiewohl im Austausch mit den genannten – ihre Eigenständigkeit bewahrt hat und deshalb hier Erwähnung finden sollte, die sogenannte Londoner Schule.

Als ihr Begründer gilt John Rupert Firth (1890–1960), als ihr bedeutendster lebender Vertreter Michael A.K. Halliday (geb. 1925). Halliday hat ein umfassendes theoretisches Modell geschaffen, das gemeinhin als „systemisch-funktionale" Theorie *(systemic-functional theory)* bezeichnet wird und, wie der Name schon sagt, um eine integrative Beschreibung von Form und Bedeutung, von Struktur und Funktion, Sprachsystem und Kommunikation bemüht ist. Das Modell ist ebenso anregend, wie die Terminologie, in der es vorgestellt wird, verwirrend ist. Unter den Ideen Hallidays, die ähnlich wie Saussures Begriffspaare *synchron/diachron* bzw. *langue/parole* oder Chomskys „parametrisierte Universalgrammatik" sloganartig weitergegeben werden, befindet sich der Begriff der Lexikogrammatik *(lexico-grammar)*, mit der er die in anderen Theorien vorgenommene artifizielle Trennung von Satzstruktur und Wortsemantik, von Grammatik und Idiomatik, korrigieren will. Die dem Titel eines seiner Bücher entnommene Formulierung *language as social semiotic* drückt den Gedanken aus, daß wir nicht nur in einer biologischen und sozialen, sondern auch einer durch Sprache konstituierten Umwelt leben. Die Universität wäre demnach zu verstehen als Gesamtheit der Seminar-, Labor-, Hörsaal- und Verwaltungsgebäude, dann auch als Gruppe der Personen, die als Lehrende, Studierende oder anderweitig in ihr tätig sind, schließlich aber – und das ist nach Halliday durchaus nicht die unwichtigste Komponente – auch als der ständige Gesprächsprozeß, der zum Zwecke der Sinnstiftung und Sinnvermittlung in ihr abläuft.

Angesichts des offenen Horizonts der Theorie kann es nicht überraschen, daß Hallidays Ideen nicht nur in Syntax, Morphologie und Semantik wirkten, sondern darüber hinaus auch in der Textlinguistik, der Stilistik und in literaturwissenschaftlichen Studien immer wieder aufgegriffen wurden.

Für all diejenigen, die das große Angebot an linguistischen Theorien als verwirrend oder gar einschüchternd empfinden, am Schluß ein Wort der Aufmunterung.

Es geht in der Anfangsphase des Studiums nicht darum, die „richtige" Theorie auszusuchen und sich ihr mit Haut und Haar zu verschreiben, sondern vielmehr darum, einen sprachwissenschaftlichen Blick für Probleme zu entwickeln, die in der vertieften Beschäftigung mit dem Englischen auftauchen. Viele der dabei entwickelten linguistischen Arbeitsprinzipien – etwa die Trennung von Deskription, der beschreibenden Dokumentierung des tatsächlichen Sprachgebrauchs in all seiner Vielfalt, und Präskription, der ästhetischen oder bildungspolitischen Bewertung von Sprachformen – sind theorieunabhängig, da sie allgemein akzeptiert werden. Der gesunde Menschenverstand muß daher nicht sofort und auch nicht immer durch den Krückstock einer Theorie gestützt werden. Denn wie der deutsche Aufklärer und Aphoristiker Georg Christoph Lichtenberg (1742–1799) schon vor langer Zeit so zutreffend bemerkte: „Es ist gewiß besser, eine Sache gar nicht studiert zu haben als nur oberflächlich. Denn der bloße gesunde Menschenverstand, wenn er eine Sache beurteilen will, schießt nicht so sehr fehl als die halbe Gelehrsamkeit." Die Neugier auf Fakten, verbunden mit Freude an der Beschäftigung mit einer Weltsprache in der gesamten Vielfalt ihrer Ausprägung, bleibt in der sprachwissenschaftlichen Anglistik auch auf fortgeschrittener Ebene genauso wichtig wie die theoretische Durchdringung.

Fachtermini, die in diesem Kapitel eingeführt wurden, und weitere Verweise auf das Glossar:
Aphasie, Arbitrarität, Behaviorismus, Bloomfieldscher Strukturalismus, diachron, Funktionalismus, generative Grammatik, Kausativkonstruktion, Lexikogrammatik, präskriptiv, sprachliches Zeichen, synchron.

Weiterführende Literatur:
Die stürmische und zum Teil chaotische Entwicklung in der Linguistik der letzten Jahrzehnte hat das Bedürfnis geweckt, sich des derzeitigen Wissensstandes zu versichern und Bleibendes von Modischem zu trennen. Wohl auch deshalb sind in den letzten Jahren gleich mehrere Enzyklopädien veröffentlicht worden, die immer dann zu Rate gezogen werden sollten, wenn es gilt, die in dieser Einführung angesprochenen Probleme zu vertiefen oder hier nicht Behandeltes zu erarbeiten. Alle genannten Werke enthalten umfangreiche Einträge zu Fachbegriffen und Themenbereichen, die weit über das hinausgehen, was in den im bibliographischen Anhang genannten Handwörterbüchern der linguistischen Terminologie geboten wird.

An ein sprachwissenschaftliches Fachpublikum richten sich:

Asher, R.E., ed. *The Encyclopedia of Language and Linguistics*. 10 Bde. Oxford: Pergamon, 1994.

Bright, William, ed. *An International Encyclopaedia of Linguistics*. 4 Bde. Oxford/New York: Oxford University Press, 1992.

Collinge, Neville E., ed. *An Encyclopaedia of Language*. London: Routledge, 1990.

Malmkjaer, Kirsten. *The Linguistics Encyclopedia*. London: Routledge, 1991.

Ein ausgesprochenes Lektürevergnügen ist das folgende, reich illustrierte und für ein breites Publikum geschriebene Werk:

Crystal, David. *The Cambridge Encyclopedia of the English Language*. Cambridge: Cambridge University Press, 1995.

Anhang I: Einige terminologische Wörterbücher zur Sprachwissenschaft

Glück, Helmut, ed. *Metzler Lexikon Sprache*. Stuttgart/Weimar: Metzler, 1993.

Bußmann, Hadumod. *Lexikon der Sprachwissenschaft*. 2. Aufl. Stuttgart: Kröner, 1990 [engl. Ausgabe London: Routledge, 1996].

Abraham, Werner. *Terminologie zur neueren Linguistik*. 2. Aufl. Tübingen: Niemeyer, 1988.

Crystal, David. *Dictionary of Linguistics and Phonetics*. 3. Aufl. Oxford/London: Blackwell, 1991.

Crystal, David. *The Cambridge Encyclopaedia of Language*. Cambridge: Cambridge University Press, 1987.

Lewandowski, Theodor. *Linguistisches Wörterbuch*. 3 Bde. 6. Aufl. Heidelberg: Quelle & Meyer, 1994.

Anhang II: Die Konsonanten des Englischen in phonetischer Transkription (IPA-Lautschrift)

Artikulationsstelle / Artikulationsart	bilabial	labio-dental	dental	alveolar	post-alveolar	retroflex	velar	glottal
plosive/ Verschlußlaut	p b			t d			k g	ʔ
nasal/ Nasal	m			n			ŋ	
trilled/ gerollt				r				
flapped/ geschlagen				ɾ				
fricative/ Reibelaut		f v	θ ð	s z	ʃ ʒ			h
approximant/ Approximant					ɹ	ɻ		
lateral-approximant/ lateral-approximant				l				

Eine Übersicht über die Vokalphoneme des Englischen findet sich im Text (S. 16). Die Bezeichnungen für die Artikulationsstellen und manche Artikulationsarten entsprechen einander im Englischen und Deutschen und wurden daher nicht übersetzt.

[ʔ] Der glottale Verschlußlaut (*glottal plosive*, auch *glottal stop*, Kehlkopfverschlußlaut oder Kehlkopfknacklaut genannt) erscheint zum Beispiel für R.P. /t/ in einer Cockney-Aussprache von *Peter*.

[ɾ] Dieses Symbol bezeichnet den alveolaren Zungenschlag (*flap*), die charakteristische amerikanische Variante des intervokalischen /t/ in Wörtern wie *water* oder *butter*.

[ʍ] Dieses Symbol erscheint nicht in der Tabelle und bezeichnet den stimmlosen labial-velaren Reibelaut, wie er für <wh> in all jenen Varietäten des Englischen gesprochen wird, in denen Wörter wie *which* oder *witch* bzw. *whether* oder *weather* Minimalpaare darstellen.

/r/ In phonemischer Transkription ist /r/ für das britische wie amerikanische Englisch gebräuchlich; in phonetischer, d.h. allophonische Variation wiedergebender Transkription bezeichnet [ɹ] britisches und [ɻ] das amerikanische /r/-Phonem mit seiner Tendenz zu einer deutlich retroflexen Artikulation.

Anhang III: Einige Hinweise zur Technik des wissenschaftlichen Arbeitens und zur Form der wissenschaftlichen Arbeit

Selbst auf die Gefahr hin, salbungsvoll zu klingen: Das Wesentliche beim wissenschaftlichen Arbeiten sind weder die Arbeitstechniken noch die äußere Form des schriftlichen Endprodukts, sondern die entdeckerische Neugier bei der Beschäftigung mit dem Gegenstand und die Bereitschaft, sprachliche Daten im Lichte der in der Forschungsliteratur niedergelegten „Fachmeinung" zu interpretieren und so zu einem begründeten wissenschaftlichen Urteil zu gelangen. Die meisten Konventionen, denen wissenschaftliche Arbeiten unterliegen, haben einen formal-äußerlichen und einen inhaltlich-ideellen Aspekt, wie man zum Beispiel anhand des Zitats leicht nachweisen kann.

Rein äußerlich zeichnen sich wissenschaftliche Publikationen und Texte durch eine charakteristische „Fußnotendichte" pro Seite aus. Eine Fußnote mit Literaturangabe pro Kapitel erregt den Verdacht, daß oberflächlich gearbeitet wurde; zehn Fußnoten pro Seite in einer Proseminararbeit erwecken den Eindruck der Pedanterie und kleinkarierten Faktenhuberei. Üblicherweise folgen die Fußnoten und Literaturangaben einem formalen Muster, das konsistent gehandhabt wird. Dies erleichtert, zusammen mit vollständigen und inhaltlich überprüften Angaben, dem Leser der Arbeit das Auffinden der angegebenen Quellen in all den Fällen, in denen er die Angaben selbst zu überprüfen wünscht. Über all den Formalia sollte jedoch der ideelle Aspekt des Zitierwesens nicht aus den Augen verloren werden: Die intellektuelle Redlichkeit des Forschers, auch des studentischen, gebietet es, daß man Ideen und Anregungen, die man anderen verdankt, auch als solche kennzeichnet – gleich, ob man wortwörtlich zitiert oder einen Gedanken nur paraphrasiert. Im ersten Fall erfolgt die Quellenangabe unmittelbar nach dem Zitat, im zweiten in Form eines kurzen Verweises am Ende desjenigen Absatzes oder längeren Abschnittes, der auf fremdem Gedankengut beruht. Die Übernahme fremder Argumente und Formulierungen ohne Angabe der Quelle gilt als Plagiat („geistiger Diebstahl") und schließt den Täter aus der akademischen Gemeinschaft aus.

1. Zur Technik des wissenschaftlichen Arbeitens

Was gilt es zu beachten, bevor man sich daran macht, seine ersten linguistischen Seminararbeiten abzufassen?

Der erste Arbeitsschritt ist das Sammeln von Informationen zum Thema. Die Zettelkataloge der Bibliotheken führen sicher zu manchen Werken aus der Forschungsliteratur, die für das Thema relevant sind – besonders dann, wenn es neben einem nach Verfassernamen geordneten Katalog (dem sog. „Autorenkatalog“) auch Sachkataloge oder Schlagwortkataloge gibt. In all den Bibliotheken, in denen Literatur nach Sachgebieten geordnet und frei zugänglich aufbewahrt wird, lohnt sich auf alle Fälle auch ein erster Gang direkt ans Regal. Ein einziger Blick auf das Inhaltsverzeichnis oder das Register (alphabetische Liste am Ende eines Buches, die die in einem Werk behandelten Themen anführt und auf die Stellen verweist, in denen sie behandelt werden) zeigt oft, ob ein Buch für eine bestimmte Aufgabenstellung nützlich ist oder nicht. Kein oder kaum ein Bibliothekskatalog gibt jedoch Auskunft über die wissenschaftliche Literatur, die in Form von Artikeln und Beiträgen in Fachzeitschriften, in Festschriften oder in Sammelbänden erschienen sind. Solche Veröffentlichungen werden aber in wissenschaftlichen Literaturverzeichnissen, sogenannten Bibliographien, systematisch erfaßt, mit denen man sich daher schon von Beginn des Studiums an vertraut machen sollte.

Man unterscheidet dabei zwischen Studienbibliographien und Fachbibliographien. Studienbibliographien liegen meist als einbändige Taschenbuchausgaben vor, sind im Preis erschwinglich und richten sich an ein vorwiegend studentisches Publikum, dem sie die Standardliteratur zu verschiedenen Gebieten und Themenbereichen sowie die wichtigsten Wörterbücher und Grammatiken nahebringen. Fachbibliographien dagegen werden meist jährlich auf den neuesten Stand gebracht, streben in ihren Sammelgebieten Vollständigkeit an und sind von Preis und Umfang her jenseits der Möglichkeiten individueller Käufer angesiedelt.

Zwei Studienbibliographien jüngeren Datums sind:

Reichl, Karl. *Englische Sprachwissenschaft: Eine Bibliographie*. Bielefeld: Schmidt, 1993.

Höhlein, Helga, Peter H. Marsden, Claudsdirk Pollner. *Auswahlbibliographie zum Studium der anglistischen Sprachwissenschaft*. Tübingen: Niemeyer, 1987.

Die gängigen sprachwissenschaftlichen Großbibliographien sind:

Annual Bibliography of English Language and Literature. Ed. The Modern Humanities Research Association. London.

Bibliographie linguistischer Literatur. Frankfurt a.M.: Klostermann.

Bibliographie Linguistique/Linguistic Bibliography. Publ. by the Permanent International Committee of Linguists. 1950ff.

Current Contents Linguistik. Stadt- und Universitätsbibliothek Frankfurt a.M.

MLA International Bibliography of Books and Articles on the Modern Languages and Literatures. Ed. The Modern Language Association. New York.

New Contents: English Language and Literature. Niedersächsische Staats- und Universitätsbibliothek Göttingen.

Die gebräuchlichste dieser Bibliographien, die MLA-Bibliographie, steht seit einigen Jahren in computerlesbarer Form, entweder als CD-ROM oder „online" zur Verfügung. Wer sich einmal durch zehn unhandliche Bände der gedruckten „MLA" gearbeitet und Einträge exzerpiert hat, wird die Bequemlichkeit und Zeitersparnis, die die Computerisierung mit sich gebracht hat, zu schätzen wissen und die Einarbeitung am Bildschirm nicht scheuen.

Im Bereich der wissenschaftlichen Dokumentation – von Bibliographien über Wörterbücher bis zu gängigen linguistischen Datenkorpora wie den im Text bereits erwähnten „LOB" und „Brown" – wird das gedruckte Buch zur Zeit immer mehr durch elektronischen Text ergänzt und zum Teil ersetzt. Dies ist eine Entwicklung, die so rasch vonstatten geht, daß besonders in den geisteswissenschaftlichen Fächern die Lehrenden ihre Studierenden oft im Stich lassen, weil ihnen aktuelle Kenntnisse selber fehlen. Als hilfreicher allgemeiner Hinweis bleibt in dieser Situation nur, mit offenen Augen durch die Seminar-, Fachbereichs- und Universitätsbibliotheken zu gehen und die Angebote zur Einarbeitung in die „neuen Medien" wahrzunehmen.

Ein „Nachteil" der neuen Medien ist es, daß sie einen gelegentlich mit zuviel Information versorgen. So kann es sein, daß eine Recherche in der MLA zum Thema „Caribbean Creoles" eine Liste mit hunderten von einschlägigen Arbeiten ergibt. Wer an einem größeren Arbeitsvorhaben – etwa an einer Doktorarbeit – sitzt, wird die gefundenen Titel wohl früher oder später alle einsehen und sich diejenigen, die in der eigenen Universität nicht verfügbar sind, über Fernleihe beschaffen lassen. Wer „nur" eine Semesterarbeit für ein Proseminar verfassen will, fühlt sich dagegen von der Fülle des Materials wohl eher verwirrt und erschlagen.

In einem solchen Fall (wie auch sonst) lohnt es sich, aus der Phase des entdeckenden Einarbeitens in ein Thema herauszutreten, die Themenstellung einzuengen, konkrete Arbeitshypothesen zu formulieren, Materialgrundlage und Analysemethode festzulegen und so den Kreis relevanter Publikationen einzuengen. Wer irgendetwas zum englischen Infinitiv schreiben möchte, wird im Ozean der Sekundärliteratur versinken; wer hingegen über den Infinitiv in adverbialer Funktion schreibt und sein Material aus Korpora des modernen Englisch gewinnt, wird sich bald nur mehr mit vier oder fünf relevanten Beiträgen auseinandersetzen müssen.

2. *Die äußere Form der schriftlichen Arbeit*

Was die Form der wissenschaftlichen Arbeit betrifft, verweise ich auf das am Ende dieses Abschnitts genannte Handbuch gleichen Titels von Ewald Standop bzw. den Anhang der „Einführung in die anglistische und amerikanische Literaturwissenschaft", die vor kurzem im selben Verlag wie das vorliegende Buch erschienen ist.[29] Die dort gegebenen Hinweise zur Gestaltung von Titelseiten, Inhaltsverzeichnissen, Seitenrändern usw. gelten auch für sprachwissenschaftliche Arbeiten.

Was die Zitierweise bzw. die äußere Form von Fußnoten und Literaturangaben betrifft, lohnen sich einige fachspezifische zusätzliche Hinweise. In linguistischen Publikationen ist die üblichste Form der Literaturangabe im Text der eingeklammerte Kurzverweis. Wer sich etwa auf Umberto Ecos vor kurzem erschienenes Buch *Die Suche nach der vollkommenen Sprache* bezieht, würde dies wie folgt tun:

> As the Italian semiotician Eco (1994:15) has recently pointed out, the quest for a perfect language has not been a specifically European phenomenon. Other cultures have embarked on it, as well.

Wörtliche Anleihen bei Ecos Text würden, wenn sie kurz sind, im fortlaufenden Text in Anführungsstriche gesetzt oder – wenn sie wie im folgenden Beispiel eine gewisse Länge überschreiten – durch Einrückung kenntlich gemacht:

[29] Mario Klarer, *Einführung in die anglistische und amerikanistische Literaturwissenschaft*, 2. Aufl., Darmstadt: Wissenschaftliche Buchgesellschaft, 1995.

Das visuelle Symbol oder Piktogramm erweist sich dem Wort vor allem deshalb als unterlegen, weil es Bedeutung nur auf eine sehr unflexible Weise ausdrückt:

> Wer dagegen, um einen Apfel zu bezeichnen, ihn erst mit der Kamera aufnehmen müßte, befände sich in der gleichen Lage wie jene von Jonathan Swift verspotteten Weisen, die beschlossen hatten, nur noch durch das Vorzeigen der gemeinten Dinge zu sprechen, weshalb sie gezwungen waren, riesige Säcke mit sich herumzuschleppen. (Eco 1994:185)

Eco fährt mit einem fast noch drastischeren, weil authentischem und makabrem Beispiel fort, nämlich dem Versuch des amerikanischen Office of Nuclear Waste Isolation, Informationen für den nach einem angenommenen Atomkrieg eintretenden Notfall sprachunabhängig zu kodieren.

Ob nur Publikationsjahr und Seitenzahl - „(1994:15)" - oder Autor, Jahreszahl und Seitenzahl eingeklammert werden - „(Eco 1994:185)" -, hängt natürlich davon ab, ob man sich auf den Autor als Person bezieht oder seinen Namen „metonymisch" zur Bezeichnung des Werks verwendet. In sprachwissenschaftlichen Publikationen unüblich ist der Verweis auf die Quelle in einer Fußnote, also etwa:

As the Italian semiotician Eco has recently pointed out, the quest for a perfect language has not been a specifically European phenomenon. Other cultures have embarked on it, as well.[3]
[...]

[3] Umberto Eco, *Die Suche nach der vollkommenen Sprache* (München: Beck, 1994), p. 15.

Damit erübrigen sich auch teilweise abgekürzte Verweise in Fußnoten, die in älteren Veröffentlichungen immer dann erscheinen, wenn eine Quelle schon erwähnt wurde und daher als bekannt vorausgesetzt wird:

As the Italian semiotician Eco has recently pointed out, the quest for a perfect language has not been a specifically European phe-

```
nomenon. Other cultures have embarked on it,
as well.³
[...]
```

```
³ Eco, Suche, p. 15.
```

Solche abgekürzten Verweise in Fußnoten waren eine Nische, in der eine ganze Reihe von für Studienanfänger schwer durchschaubaren Abkürzungen gediehen - so etwa *ibid.* und *loc. cit.* (für *ibidem* und *loco citato*, also etwa „am angegebenen Ort"). Wer eine genaue Seitenangabe nicht machen wollte oder konnte, schrieb *passim* (für „öfter", „an mehreren Stellen im angegebenen Werk"). Ihr allmähliches Verschwinden wird man nicht bedauern. Fußnoten sind in linguistischen Arbeiten daher nur mehr dort angebracht, wo neben dem Verweis auf die Quelle noch weitere Erläuterungen oder ergänzende Informationen gegeben werden, die den Gang der Argumentation im fortlaufenden Text zu sehr aufhalten würden.

Wenn im Text abgekürzt zitiert wird, so muß allerdings an einer Stelle der Arbeit die vollständige bibliographische Angabe erscheinen, damit der Leser die angegebene Quelle auch eindeutig identifizieren kann. Dies erfolgt zumeist am Ende einer Arbeit in Form einer alphabetisch angeordneten Literaturliste. Die Quellenangabe umfaßt folgende Angaben.

a) bei Büchern:

den Namen des Verfassers bzw. der Verfasser, den vollen Titel des Werkes, den Publikationsort, wenn möglich auch den Verlag, bei dem das Werk erschienen ist, sowie das Erscheinungsjahr. Bei Werken, die in mehreren Auflagen vorliegen, lohnt es sich, diejenige Auflage anzugeben, die man benutzt hat;

b) bei Beiträgen in Sammelwerken:

den Namen des Verfassers des Beitrags, den Titel des Beitrags, den Namen des Herausgebers des Sammelbandes, den Titel des Sammelbandes sowie den Erscheinungsort, den Verlag, das Erscheinungsjahr und die genauen Seitenzahlen des Beitrags;

c) bei Beiträgen aus Fachzeitschriften:

den Namen des Verfassers bzw. der Verfasser, den Titel des Beitrages, den Namen der Zeitschrift, den Jahrgang, das Erscheinungsjahr der Zeitschrift sowie schließlich die genauen Seitenzahlen des Beitrags.

Wir illustrieren dies an jeweils einem Beispiel:

Eco, Umberto. *Die Suche nach der vollkommenen Sprache*. München: Beck, 1994.

Jackendoff, Ray S. „An Interpretive Theory of Negation". *Foundations of Language* 5 (1969): 218-241.

Voorhoeve, Jan. „Varieties of Creole in Suriname: The Art of Reading Creole Poetry". In Dell Hymes, ed. *Pidginization and Creolization of Languages*. Cambridge: Cambridge University Press, 1971, p. 323-326.

Wie aus diesen Beispielen ersichtlich wird, sind die Titel selbständiger Veröffentlichungen kursiv gesetzt (bzw. dort, wo dies nicht möglich ist, unterstrichen), die Titel unselbständiger Veröffentlichungen erscheinen dagegen in Anführungsstrichen.

Was Großschreibung englischer Wörter in Titeln, Zeichensetzung und verwendete Abkürzungen betrifft, sind die obigen Einträge ein Modell. Leichte Variation ist zulässig, und natürlich ist auch in der Linguistik nichts gegen die Übernahme der Konventionen des MLA style-sheet,[30] die in der Literaturwissenschaft weit verbreitet sind, einzuwenden.

Wohl fast alle Fragen, die bezüglich Zitierweise und Formgebung auftauchen können, behandelt:
Ewald Standop. *Die Form der wissenschaftlichen Arbeit*. 14. Aufl., bearbeitet von Matthias Meyer. Heidelberg: Quelle & Meyer, 1994.

[30] Joseph Gibaldi, *MLA Handbook for Writers of Research Papers*, 4. Aufl., New York: The Modern Language Association, 1995.

Glossar der verwendeten sprachwissenschaftlichen Fachbegriffe

Ableitung (derivation): Wortbildungsverfahren, bei dem durch Hinzufügung mindestens eines gebundenen Wortbildungsmorphems an den Wortstamm ein neues Wort gebildet wird: vgl. *dress* → *undress*, *think* → *thinkable* → *unthinkable*.

Adjektiv (adjective): Wortart, die typischerweise Eigenschaften eines Substantivs bezeichnet, durch Adverbien näher bestimmt wird und steigerbar ist: *a cheap meal/the meal is cheap, an extraordinarily cheap meal, the cheapest meal*. Einige marginale Adjektive erfüllen nur einen Teil dieser Kriterien. Man vgl. etwa *the child is ill*, aber **an ill child, the *illest child*.

Adverb (adverb): Wortart, die das verbale Prädikat näher bestimmt oder räumlich und zeitlich situiert: *Sue draws beautifully*, *they sell flowers here sometimes*. Adverbien werden auch benutzt, um Adjektive näher zu bezeichnen: *a sometimes boring film, a really stupid remark*. Der Terminus *Adverb* bezieht sich auf die Wortart, nicht auch auf die Funktion im Satz (dazu siehe → *adverbiale Angabe*).

adverbiale Angabe (adverbial): Satzglied, das die räumlichen, zeitlichen und anderweitigen Begleitumstände einer durch Subjekt, Prädikat und – wo vorhanden – prädikativer Ergänzung und Objekten gebildeten zentralen Aussage bezeichnet. Adverbiale Angaben können durch Adverbien, aber auch durch Nominalphrasen, Präpositionalphrasen bzw. Nebensätze realisiert sein: *I'm working now, I work all day, I've been working for three hours, I have been working since you left*. Im Fragetest werden adverbiale Angaben typischerweise mit *when, where, how, why* etc. erfragt und nicht wie Objekte mit *who/what*.

Affix (affix): bedeutungstragende Teile von Wörtern, die nicht für sich alleine stehen können, sondern nur in Verbindung mit einem Wortstamm verwendet werden, also in erster Linie gebundene Wortbildungsmorpheme und Flexionsendungen. Man unterscheidet Präfixe *(prefixes)* – z.B. *loyal/disloyal* – und Suffixe *(suffixes)* – z.B. *warm/warmth, bring/brings*.

Akkusativ (accusative): in Sprachen, in denen grammatische Beziehungen im Satz so wie im Lateinischen und weitgehend auch im Deutschen durch Fälle (Kasus) ausgedrückt werden, der Fall, in dem typischerweise das direkte Objekt eines Verbs erscheint: vgl. *der Mann* (Nominativ) mit *ich sehe den Mann* (Akkusativ). Das Englische hat keinen Akkusativ, sondern unterscheidet nur noch bei manchen Personalpronomina sowie optional beim Fragepronomen *who* zwischen einem *common case* und einem *object case*: vgl. *he/him* bzw. *who/who(m)*.

Akronym (acronym): Wortbildungsmuster, bei dem ein Wort aus den Anfangsbuchstaben seiner Bestandteile zusammengesetzt wird, z.B. *BASIC* (= beginners' all-purpose symbolic instruction code) oder *WASP* (= white Anglo-Saxon Protestant). Akronyme werden im Gegensatz zu den sogenannten Alphabetismen wie *USA* als ein Wort ausgesprochen. Akronyme, die mit einem bereits existierenden Wort zusammenfallen (wie unsere beiden Beispiele), gelten wegen der damit verbundenen leichteren Merkbarkeit und möglicher inhaltlicher Assoziationen als motiviert; Bildungen wie *NATO* (= North Atlantic Treaty Organisation) dagegen sind nicht motiviert.

Akzent (accent): 1) Sozial oder regional typische Aussprache, z.B. „Englisch mit einem schottischen Akzent". Treten zur lautlichen Abweichung vom Standard noch grammatische und lexikalische Merkmale hinzu, spricht man von einem Dialekt bzw. einer (Nichtstandard)-Varietät. 2) In der Phonetik/Phonologie wird der Begriff auch synonym mit Wortton oder Satzton verwendet.

allgemeine Sprachwissenschaft (general/theoretical linguistics): im Gegensatz zu den Einzelphilologien wie Germanistik oder Anglistik jener Zweig der Sprachwissenschaft, der sich vorwiegend mit den Gemeinsamkeiten aller natürlichen menschlichen Sprachen befaßt.

Allomorph (allomorph): Realisierungsvariante eines Morphems (siehe → *Morphem*). Die drei Vergangenheitsformen *attacked, insulted* und *frightened* etwa zeigen, daß das regelmäßige *past-tense*-Morphem des Englischen je nach der lautlichen Umgebung in drei Realisationsformen vorliegen kann, als /t/ nach stimmlosen Lauten außer /t/, als /d/ nach stimmhaften Lauten außer /d/, und als /ɪd/ nach /t, d/. Allomorphe eines Morphems sind komplementär verteilt, d.h. wo /ɪd/ vorkommt, sind /t/ und /d/ ausgeschlossen und umgekehrt.

Allophon (allophone): Realisierungsvariante eines Phonems (siehe → *Phonem*). In der britisch-englischen Normaussprache R.P. („Received Pronunication") etwa hat das Phonem /l/ drei stellungsbedingte Realisierungen: „helles" [l] vor Vokalen (wie in *lip* oder *million*), „dunkles" [ɫ] am Wortende und vor Konsonanten *(feel, called)* und stimmloses [l̥] nach stimmlosen Verschlußlauten *(place, click)*. In der Transkription stehen Phoneme zwischen Schrägstrichen, ihre allophonischen Realisierungsvarianten zwischen eckigen Klammern. Allophone eines Phonems sind komplementär verteilt, d.h. wo helles [l] vorkommt, sind das dunkle und stimmlose ausgeschlossen und umgekehrt. Wäre dem nicht so, könnten die betreffenden Laute in Minimalpaaren bedeutungsunterscheidend wirken und würden so zu Phonemen aufgewertet.

Altenglisch (Old English, Anglo-Saxon): die englische Sprache von ihren Anfängen im 6. Jahrhundert bis ca. 1100.

Analogie (analogy): Beseitigung von unregelmäßigen Formen durch Angleichung an ein regelmäßiges Bildungsmuster. In der Geschichte des Englischen zum Beispiel wurden die meisten der ursprünglich auf *-n* endenden Pluralformen an das dominante Bildungsmuster mit *-s* angeglichen, vgl. etwa mittelenglisch *shoon* und modern *shoes*, oder Neubildungen wie *Walkmans* (als Plural von *Walkman*).

analytisch (analytical): In Sprachen mit analytischer Satzstruktur werden die grammatischen Beziehungen zwischen den Satzgliedern überwiegend durch Wortstellung und Funktionswörter und nicht durch Kasusendungen ausgedrückt. Sprachen, in denen die grammatischen Beziehungen im Satz vorwiegend mittels Kasusendungen ausgedrückt werden, bezeichnet man als „synthetisch". Im Vergleich mit dem Deutschen erscheint das Englische als die analytischere Sprache. Man vergleiche etwa: *ich widme mich der Musik* (Dativ) mit *I devote myself to music* (Funktionswort und Substantiv). Doch auch im Englischen sind synthetische Strukturen vorhanden: vgl. etwa *my brother's problems* als synthetische Alternative zu *the problems of my brother*.

Anapher (anaphora): Ausdruck, der sich auf bereits im Text Erwähntes bezieht, z.B. *this* in *she made me wait for twenty minutes, and this made me nervous.*

Anhebung (engl. raising bzw. fused construction): Bezeichnung für Satzstrukturen des Typs *I'd hate my children to see me there*, bei denen *my children* formal-grammatisch als Objekt des übergeordneten Satzes fungiert, obwohl es seiner Bedeutung nach eigentlich zum nachfolgenden Infinitivsatz gehört (vgl. *my children would see me there*). Daß *my children* keinen inhaltlichen Bezug zum Verb *hate* aufweist, wird auch daraus ersichtlich, daß unser Beispiel keineswegs die Aussage *I'd hate my children* mit impliziert. Bildhaft gesprochen, wird eine Konstituente des Nebensatzes in den übergeordneten Satz „angehoben". Weitere englische Anhebungskonstruktionen liegen in *she seems to be innocent* (vgl. *it seems that she is innocent*) und in *this book is difficult to translate* (vgl. *it is difficult to translate this book*) vor.

Antonym (antonym): im weitesten Sinn ein Wort, das das Gegenteil zu einem anderen ausdrückt, z.B. *single* (gegenüber *married*), im engeren

Sinn Gegensatz auf einer Skala von Abstufungen wie z.B. *cheap* gegenüber *expensive*.

Aphasie (aphasia): Sprachstörung, die durch organische Schäden im Gehirn verursacht wurde.

Arbitrarität (arbitrariness): Die Lautgestalt eines Wortes steht in keinem ursächlichen Zusammenhang mit dem bezeichneten Inhalt, d.h. die Beziehung zwischen den beiden Seiten des sprachlichen Zeichens ist eine im Prinzip willkürliche (= arbiträre) gesellschaftliche Konvention. Auch die sogenannten lautmalerischen oder onomatopoetischen Wortbildungen stellen keine echte Ausnahme zum Prinzip der Arbitrarität dar, weil auch sie einzelsprachlich stark konventionalisiert sind – man vergleiche nur dt. *kikeriki* und engl. *a-cock-a-doodle-doo*.

Artikel (article): Wort, das angibt, ob das folgende Substantiv einen bestimmten oder einen unbestimmten Bezug hat – vgl. *a new book* gegenüber *the new book*. Im Deutschen wie im Englischen unterscheidet man zwischen bestimmtem *(definite)* und unbestimmtem *(indefinite)* Artikel.

Artikulationsart (manner of articulation): zusammen mit der Artikulationsstelle eines der wichtigsten Einteilungskriterien für Sprachlaute. Tritt der Luftstrom ungehindert aus, entsteht ein Vokal, wird er in irgendeiner Form behindert, ein Konsonant. Konsonanten werden – im wesentlichen nach Art der Behinderung des Luftstroms – weiter unterteilt in Verschlußlaute *(stops)*, Reibelaute *(fricatives)*, Nasale *(nasals)* sowie eine Reihe kleinerer Nebengruppen.

Artikulationsstelle (place of articulation): zusammen mit der Artikulationsart eines der wichtigsten Einteilungskriterien für Sprachlaute. Vokale werden in dieser Hinsicht im wesentlichen nach der Zungenstellung eingeteilt. Bei Konsonanten bezeichnet die Artikulationsstelle den Ort, an dem die Behinderung des Luftstroms erfolgt – im Englischen in erster Linie also: *labial* (mit beiden Lippen), *labio-dental* (Unterlippe an oberer Zahnreihe), *dental* (Zunge an oberer Zahnreihe), *(post-) alveolar* (Zunge an bzw. knapp hinter dem Zahndamm), *palatal* (am Gaumendach), *velar* (am Gaumensegel) und *uvular* (am Zäpfchen). Im Kehlkopf *(glottis)* artikuliert wird der sogenannte *glottal stop*, ein Kehlkopfknacklaut, der im britischen Englisch in zunehmendem Maß für /t/ eintritt, durch seinen historischen Ursprung in der Mundart der Londoner Unterschicht, dem Cockney, jedoch sozial stigmatisiert ist.

Aspekt (aspect): im Deutschen nicht vorhandene, im Englischen zu Tempus und Modus hinzutretende grammatische Kategorie des finiten Verbs, durch die Information über Art und Dauer der Verbalhandlung ausgedrückt wird. Im Englischen ist seit frühneuenglischer Zeit die Unterscheidung zwischen *simple form* und *progressive* (oder *continuous*) *form* obligatorisch, also z.B.: *what do you read?* (Frage nach allgemeinen Lesegewohnheiten) gegenüber *what are you reading?* (Frage nach derzeitiger Lektüre).

Assimilation (assimilation): Einfluß eines Lautes auf die Artikulation eines anderen. In *ten bottles* etwa kann das /n/ aus *ten* durch den Einfluß des folgenden Lippenlautes als /m/ ausgesprochen werden.

Attribut (attribute): nähere Bestimmung eines Substantivs durch Adjektive/Adjektivphrasen oder adjektivisch gebrauchte Partizipien/Partizipialphrasen: *a new car*, *a recently excavated temple.*

Auslautverhärtung (final devoicing): Stimmhafte Konsonanten wie z.B. [b] oder [z] werden im Deutschen stimmlos, wenn sie im Wortauslaut zu stehen kommen: vgl. die Aussprache von *rauben* und *Raub* oder von *Gräser* und *Gras.* Da die Stimmhaftigkeitsopposition im Englischen auch im Auslaut von großer Bedeutung ist - vgl. Minimalpaare wie *cap/cab, tap/tab, rack/rag, rice/rise, rich/ridge* –, wird die fehlerhafte Übertragung der Auslautverhärtung ins Englische zu einem der wichtigsten Kennzeichen eines deutschen Akzents.

Aussagesatz (declarative clause): Der Aussagesatz *(you're cleaning my room)* stellt neben dem Fragesatz *(interrogative clause: are you cleaning my room?)* und dem Befehlssatz *(imperative clause: clean my room!)* einen der drei grundlegenden Satztypen dar.

Behaviorismus (behaviorism): Forschungsrichtung in der Psychologie, die sich ausschließlich auf die Untersuchung und Messung beobachtbaren Verhaltens beschränkt. Versuche einzelner Sprachwissenschaftler, den Spracherwerb oder gar Bedeutung auf der Grundlage behavioristischer Reiz-Reaktions-Modelle zu erklären, werden heute als gescheitert betrachtet.

Belegsammlung (collection of citations): siehe → *Korpus.*

blend: komplexes Wort, das dadurch gebildet wird, daß seine beiden Bestandteile ineinandergeschoben werden *(education + entertainment → edutainment)*; im weiteren Sinne jede Zusammensetzung, die auf gekürzten Formen der Ausgangswörter beruht *(z.B. modulator + demodulator → modem).*

Bloomfieldscher Strukturalismus (Bloomfieldian structuralism): nach Leonard Bloomfield (1887–1949) benannte dominante Strömung in der amerikanischen Linguistik; „Blütezeit" zwischen 1930 und 1950. Dem Bloomfieldschen Strukturalismus ging es um die Entwicklung möglichst rigoroser und exakter Methoden zur Erfassung und Beschreibung der Lautsysteme und Grammatiken von Sprachen. Bei der Beschäftigung mit semantischen Fragen erwies sich die Ausrichtung an der behavioristischen Psychologie als hinderlich.

Chiasmus (chiasmus): rhetorisches Stilmittel, das auf der Überkreuzstellung (Muster: ab-ba) von Elementen beruht, z.B. *when the going gets tough, the tough get going.*

clause: siehe → *Satz.*

cleft sentence: siehe → *Spaltsatz.*

clipping: Wortkürzungen, die durch Weglassen des Wortanfangs oder des Wortendes entstehen, z.B *exam* (aus *examination*) oder *bus* (aus *omnibus*).

Dativ (dative): In Sprachen, in denen grammatische Beziehungen im Satz so wie im Lateinischen und weitgehend auch im Deutschen durch Fälle (Kasus) ausgedrückt werden, der Fall, in dem typischerweise das indirekte Objekt eines Verbs erscheint: *ich gebe dir/der Frau eine Orange.* Im Englischen gibt es den Dativ in diesem Sinne nicht. Manche englischen Grammatiker gebrauchen den Ausdruck jedoch zur Kennzeichnung des indirekten Objekts im allgemeinen und sprechen von *dative shift*, wenn sie Wortstellungsvariationen des folgenden Typs behandeln: *give her the book – give the book to her.*

Deixis (deixis): sprachlicher Verweis auf den Redekontext. Die wichtigsten deiktischen Verweismittel sind die Personalpronomina, diejenigen Lokal- bzw. Temporaladverbien, deren Bedeutung sich nach dem je spezifischen Kontext einer Äußerung richtet (wie z.B. *here/there* oder *now/then*), die Demonstrativpronomina (*this/that* etc.) sowie die Tempora des finiten Verbs. Der Satz *President Yeltsin spoke to the Queen on 3 March 1996* hat eine unabhängig vom Äußerungskontext erschließbare Bedeutung, der Satz *you are speaking here now* dagegen sagt lediglich aus, daß eine angesprochene Person zum Sprechzeitpunkt am Ort der Äußerung spricht und gewinnt seine volle Bedeutung erst im jeweiligen Kontext.

Deklination (declension): siehe → *Flexion.*

Demonstrativpronomen (demonstrative pronoun): Pronomen, das einen Verweis auf einen außersprachlichen oder textuellen Kontext ermöglicht. Die wichtigsten Demonstrativpronomina des heutigen Englisch sind *this/these* und *that/those.*

Denotation (denotation): Denotation bezieht sich auf die „objektive" Bedeutung eines Wortes oder Ausdrucks in bezug auf die außersprachliche Wirklichkeit, Konnotation dagegen auf „subjektive" Bedeutungsaspekte wie Stilhöhe oder die mit einem Wort verbundenen emotionalen Untertöne. Sowohl *he's gay* wie auch *he's queer* bezeichnen eine homosexuelle Neigung, nur der zweite Ausdruck hat einen abwertenden Unterton.

Derivation (derivation): siehe → *Ableitung.*

determiner: siehe → *Pronomina*.

diachron (diachronic): historische Betrachtung sprachlicher Fakten; siehe → *synchron*.

Dialekt (dialect): eine – vor allem regional spezifische – Erscheinungsform einer Sprache, die sich in lautlicher, grammatischer und lexikalischer Hinsicht von der Standardform unterscheidet. Betrifft die Abweichung nur die lautliche Seite, spricht man von einem regionalen Akzent.

Diphthong (diphthong): Vokallaut mit einem Wechsel der Vokalqualität, z.B. von /a/ zu /u/ in /au/; bei monophthongischen Vokalen ändert sich die Qualität im Laufe der Artikulation nicht (z.B. /u:/).

Diskurs (discourse): 1) Synonym für „Text"; 2) situationsspezifische Kommunikation, z.B. „classroom discourse"; 3) Oberbegriff für die sozial und historisch typischen Redekonventionen einer Epoche, z.B. „der nationalistische Diskurs im postkommunistischen Osteuropa".

Dissimilation (dissimilation): Sprachwandel, im Laufe dessen sich gleiche oder ähnliche Laute auseinanderdifferenzieren, z.B. /r/ zu /l/ in *pilgrim* oder *marble* (aus lat. *peregrinus* bzw. mittelengl./altfrz. *marbre*).

distinktives Merkmal (distinctive feature): Definitionsmerkmal von Phonemen. Das Phonem /t/ etwa ließe sich als Bündel der distinktiven Merkmale „Verschlußlaut", „stimmlos" und „alveolare Artikulationsstelle" beschreiben; andere Phoneme unterscheiden sich von /t/ in einem oder mehreren Merkmalen: /d/ etwa hinsichtlich der Stimmlosigkeit, /p/ hinsichtlich der Artikulationsstelle und /b/ hinsichtlich beider dieser Merkmale. Wenn es gelingt, die vermutlich eng begrenzte Zahl universell gültiger distinktiver Merkmale vollständig darzustellen, können die Lautsysteme aller natürlichen Sprachen auf eine äußerst ökonomische Art und Weise beschrieben werden.

Dysphemismus (dysphemism): siehe → *Euphemismus*.

ECM-Konstruktion (ECM construction): ECM = empty case marking; innerhalb der Government-and-Binding Theorie Chomskys üblich gewordene Bezeichnung für diverse Anhebungskonstruktionen (siehe → *Anhebung*).

einfacher Satz (simple sentence): selbständiger Satz mit höchstens einem verbalen Prädikatskern.

Elizitation (elicitation): Gewinnung von linguistischen Primärdaten durch Informantenbefragung. Elizitationsverfahren reichen vom informellen Einzelinterview bis zur systematischen Testreihe mit statistisch repräsentativen Stichprobenpopulationen.

Ergänzung (complement): Satzglied, dessen Anwesenheit für einen vollständigen Satz unbedingt erforderlich ist; die Zahl der Ergänzungen schwankt – je nach Verb – zwischen eins und drei. Das Verb *sleep* z.B.

erfordert ein Subjekt (vgl. *she is sleeping*), das Verb *put* dagegen ein Subjekt, ein Objekt und eine Ortsangabe *(she is putting the kettle on the table)*. Satzglieder, die zusätzlich zu den Ergänzungen hinzutreten, werden als Angaben *(adjuncts)* bezeichnet.

Etymologie (etymology): Teildisziplin der historischen Sprachwissenschaft, die sich mit der Herkunft von Wörtern und den Veränderungen ihrer Bedeutung befaßt. Das neuenglische Wort *daisy* etwa stellt sich bei etymologischer Analyse als verschmolzenes Kompositum (mittelenglisch *daies eye*) dar.

Euphemismus (euphemism): beschönigender oder verhüllender Ausdruck, z.B. *pass away* für *die*. Gegenteil: Dysphemismus *(dysphemism)*, z.B. *croak* für *die*.

Fehleranalyse (error analysis): Zweig der angewandten Sprachwissenschaft, in dem die Analyse der von Lernenden gemachten Fehler zum Ausgangspunkt für die Untersuchung des Fremdsprachenerwerbs gemacht wird.

finite Verbform (finite verb form): Form des Verbs, die nach Person und Zahl mit einem Subjekt kongruiert oder ein grammatisches Tempus signalisiert, z.B. *she lives here* oder *she lived here*. In zusammengesetzten Tempusformen wie *she has been living here* ist demnach das erste Element finit, die beiden anderen sind nichtfinit. Modalverben sind im Englischen immer finit.

Flexion (inflection, inflexion): Mit Flexion bezeichnet man das im Lateinischen, aber auch im Deutschen grundlegende Verfahren, grammatische Beziehungen im Satz durch Endungen an Substantiven, Adjektiven, Pronomina, Artikeln, Verben und zum Teil auch Adverbien auszudrücken. Die Flexion bei Substantiv, Pronomen, Artikel und Adjektiv wird als Deklination *(declension)*, die Flexion beim Verb als Konjugation *(conjugation)* bezeichnet. Bei englischen Substantiven werden nur mehr der Plural und, wo vorhanden, der Genitiv durch Flexion gebildet. Manche Pronomina haben zusätzlich noch einen „Objektskasus" (z.B. *them* gegenüber *they*). Die verbliebenen Flexionsendungen im Bereich des Verbs sind das *-s* der 3. Person Singular Präsens sowie das *-ed* bei *past tense* und *past participle*. Die meisten einsilbigen sowie manche zweisilbige Adjektive bilden die Steigerungsformen ebenfalls durch Flexion (z.B. *simple, simpler, simplest*).

funktionale Satzperspektive/FSP (functional sentence perspective): Modell zur Beschreibung der Informationsstruktur eines Satzes. Sätze werden in das „Thema" *(theme/topic)*, den Anteil mit bereits bekannter bzw. niederwertiger Information, und das Rhema *(rheme/comment)*, den Anteil mit neuer bzw. höherwertiger Information, aufgeteilt. Als normal gilt die Abfolge „Thema" vor „Rhema", wie sie z.B. im zweiten Satz des folgenden Minimaltextes vorliegt: *I went to visit the town's museum. It had been built in the middle of a spacious park.* Die Variante, in der im zweiten Satz das Thema hinter das Rhema rückt, ist stilistisch befremdlich: *I went to visit the town's museum. In the middle of a spacious park it had been built.*

Funktionalismus (functionalism): Sammelbezeichnung für sprachwissenschaftliche Schulen, die grammatische Strukturen aus der Bedeutung bzw. den kommunikativen Bedürfnissen der Sprecher herleiten. Die grammatische Kategorie des Subjekts etwa wird auf die semantische Rolle des „Agens"/Handelnden und auf die pragmatisch-textuelle Funktion des „Themas" zurückgeführt. Die Gegenposition wird als Formalismus bezeichnet und geht davon aus, daß die Grammatiken natürlicher Sprachen als autonome formale Systeme funktionieren.

Funktionswort (function word): jedes Wort, das seine Eigenbedeutung eingebüßt hat und ausschließlich zum Ausdruck grammatischer Beziehungen im Satz dient. Die Präposition *to* in *come to me* zum Beispiel ist kein Funktionswort, weil sie die Richtung einer Bewegung ausdrückt, in *scholars ascribe the painting to Giotto* dagegen schon, da *to* hier nur mehr dazu dient, das folgende Substantiv als Objekt zu kennzeichnen. Funktionswörter haben seit dem Verfall der Nominalflexion im Englischen zunehmend an Bedeutung gewonnen.

generative Grammatik (generative grammar): mit dem Namen Noam Chomskys verbundene Grammatiktheorie, die davon ausgeht, daß die Syntax natürlicher Sprachen ein exakt beschreibbares formales System darstellt, das alle grammatisch korrekten Sätze einer Sprache (und nur diese) zu „generieren" imstande ist.

gerund: nichtfinite Verbform des Englischen, die wie das Partizip Präsens durch Anfügung des Suffixes *-ing* an den Verbstamm gebildet wird. Manche *gerund*-Konstruktionen sind am besten als komplexe Nominalphrasen analysierbar, so etwa *the hunting of rare animals*, wo *hunting* durch den Artikel und eine nachgestellte Präpositionalphrase näher bestimmt wird. Andere haben eher verbal-satzwertigen Charakter, so *he strongly objects to tourists hunting rare animals*, wo die *gerund*-Konstruktion als Satz mit *tourists* als Subjekt und *rare animals* als Objekt interpretiert werden kann und folgerichtigerweise auch das Passiv *he strongly objects to rare animals being hunted* stehen könnte. Zwischen diesen beiden Typen sowie zwischen *gerund*- und Partizipialkonstruktionen gibt es eine Reihe von schwer zu klassifizierenden Übergangsformen.

Gesprächsanalyse (conversation analysis): sprachwissenschaftliche Teildisziplin, die sich vor allem mit der Untersuchung der Frage befaßt, was ungesteuerten Alltagsgesprächen ihre Struktur und ihren Zusammenhang gibt; stark beeinflußt von der Ethnomethodologie, einer soziologischen Schule, die anhand konkreter Fallstudien ohne statistische Abstraktion auf empirisch-induktivem Wege zu Einsichten über die alltägliche gesellschaftliche Realität der untersuchten Gemeinschaft gelangen will.

Grammatik (grammar): Beschreibung der strukturellen Regeln für die Zusammenfügung von Wörtern zu Sätzen und Äußerungen. Die Grammatik umfaßt die grammatische Komponente der Wortbildungslehre (Morphologie/*morphology*), also im wesentlichen das Studium der Flexionsparadigmen, sowie die Syntax *(syntax)*, die Beschreibung der Beziehungen der Satzglieder *(constituents)* zueinander. Alle Sprachen verwenden in wechselnden Anteilen vier Strategien zum Ausdruck grammatischer Beziehungen im Satz: 1) die Flexion, 2) die Wortstellung, 3) die Funktionswörter und 4) die Intonation. Im deutschen *dem Fahrer müssen wir ein Trinkgeld geben* wird das indirekte Objekt durch Flexion, nämlich den Dativ, kodiert, während das indirekte Objekt im Englischen durch die Stellung nach dem Verb oder das Funktionswort *to* identifiziert wird: *we've got to give the driver a tip/we've got to give a tip to the driver.*

Halbvokal (glide, semi-vowel): Während bei der Artikulation von Vokalen der Luftstrom beim Austritt nicht blockiert wird, erfolgt bei Konsonanten eine Blockierung, z.B. durch Verschluß oder Reibung. Die Halbvokale [w] und [j] sind Grenzfälle, die sich dieser Klassifikation entziehen.

Hauptsatz (main clause): siehe → *Satz.*

Hendiadyoin (hendiadys): rhetorisches Stilmittel, bei dem zwei durch *und* verbundene Substantive an die Stelle einer üblicheren „Adjektiv + Substantiv"-Kombination treten: z.B. *in iron and chains* für *in iron chains.* Im weiteren Sinne auch für ähnliche Arten der Intensivierung durch Verdoppelung verwendet, z.B. *the room was nice and warm* (für *nicely warm*).

historisch-vergleichende Spachwissenschaft (historical-comparative linguistics): Zweig der Sprachwissenschaft, der sich mit der Rekonstruktion nicht schriftlich belegter älterer Sprachstufen bzw. der Erhellung der Beziehungen zwischen Sprachen gemeinsamen historischen Ursprungs befaßt. Der am besten entwickelte Zweig der historisch-vegleichenden Sprachwissenschaft ist die Indogermanistik.

Homographie (homography): Wörter mit gleicher Schreibung, aber verschiedener Bedeutung und Aussprache werden Homographen genannt: z.B. *tear* („zerreißen" und „Träne").

Homonymie (homonymy): Wörter mit verschiedener Bedeutung, aber gleicher Schreibung und Aussprache werden Homonyme genannt: z.B. *ear* („Ähre") und *ear* („Ohr"). Siehe auch → *Polysemie.*

Homophonie (homophony): Wörter mit verschiedener Bedeutung und Schreibung, aber gleicher Aussprache werden Homophone genannt: z.B. *pain* und *pane.*

Hyperkorrektur (hypercorrection): Tendenz von Lernern, als typisch für die zu lernende Fremdsprache erkannte Strukturen im Übermaß zu verwenden; innerhalb einer Sprachgemeinschaft spricht man von Hyperkorrektur, wenn prestigeträchtige Strukturen entweder zu oft oder in ungeeigneten Kontexten verwendet werden. Da die Form *me* in *he's more interested in soccer than me* in den Augen mancher Sprecher inkorrekt ist und durch *I* ersetzt werden sollte, kommt es zu hyperkorrekten Formulierungen wie *she gave it to my wife and I.* Die Prestigeform *I* wird also sogar dort verwendet, wo sie nach den Regeln der Grammatik nicht vorkommen darf.

Hyperonym (hyperonym) und **Hyponym** (hyponym): Ober- bzw. Unterbegriff; *fruit* fungiert als Hyperonym zu *apple*, *apple* als Hyponym zu *fruit.* Gesellschaftlich umstritten wird diese semantische Beziehung, wenn es darum geht, ob männliche Bezeichnungen für Berufe o.ä. die weiblichen mit enthalten oder nicht.

idiom: siehe → *Kollokation.*

idiomatisch (idiomatic): Idiomatisch sind diejenigen Einschränkungen der Kombinierbarkeit von Wörtern, die sich weder sachlich noch grammatisch begründen lassen. Im Englischen etwa heißt es meist *to summon* (oder *to pluck up*) *courage*, im Deutschen Mut *fassen*, obwohl rein theoretisch an dieser Stelle eine ganze Reihe anderer Verben vorkommen könnten. Aufgrund ihrer Vielzahl und mangelnden Systematik stellen idiomatische Beschränkungen ein wichtiges Problem im Sprachunterricht dar.

Implikation (implication): Eine Aussage impliziert eine andere, wenn diese aus ihr abgeleitet werden kann. Im Gegensatz zu *I asked him to stop smoking* geht aus *I forced him to stop smoking* hervor, daß „er" auch tatsächlich mit dem Rauchen aufhörte – das Verb *force* impliziert also das Eintreffen der im von ihm abhängigen Nebensatz beschriebenen Handlung.

Implikatur (implicature): Eine Implikatur liegt vor, wenn eine Äußerung aufgrund bestehender Gesprächskonventionen einen Sinn erhält, der über die wörtliche Bedeutung hinausgeht. Der Ausdruck *have you got a watch* etwa würde im Normalfall wohl als (etwas unhöfliche) Variante von *could you tell me the time?* interpretiert und nicht – im wörtlichen Sinne – als Frage nach dem Besitz einer Uhr.

Infinitiv (infinitive): nichtfinite Form des Verbs, im Englischen identisch mit dem Wortstamm und in manchen syntaktischen Kontexten eingeleitet mit *to, in order to* oder *so as to.*

Interferenz (interference): jene Einflüsse der internalisierten muttersprachlichen Kompetenz auf den Fremdsprachenerwerb, die zu Fehlern führen - auch als „negativer Transfer" bezeichnet; z.B **I have met her only yesterday* in Anlehnung an *ich habe sie erst gestern getroffen*, wo aus der Vergleichbarkeit der Tempusformen fälschlicherweise auch auf die Vergleichbarkeit der Verwendungsbedingungen geschlossen wird. In der Soziolinguistik und Dialektologie wird der Begriff gelegentlich in einem weiteren Sinn zur Bezeichnung von fremdsprachigen Einflüssen auf den Sprachgebrauch in Sprachkontaktsituationen verwendet.

Intonation (intonation): Tonhöhenbewegung *(pitch movement)* in gesprochenen Äußerungen. Eine gebräuchliche Form der intonatorischen Analyse ist die Zerlegung der Äußerungen in Tongruppen *(tone groups)*, die um eine Starkton tragende Silbe *(nucleus, head)* gruppiert sind. Wichtigste Einteilungskriterien für Tongruppen sind die Bandbreite der Tonhöhenbewegung *(pitch range)*, relative Höhe *(height)* sowie der Verlauf der Tonhöhenbewegung *(pitch movement)*. In vielen Beschreibungen der englischen Intonation werden *fall*, *rise*, *fall-rise* und *rise-fall* als wichtigste Grundtypen von Tongruppen unterschieden. Die Funktionen der Intonation sind zum Teil grammatisch - etwa die Kennzeichnung der Entscheidungsfrage durch eine steigende Tonhöhenbewegung -, zum Teil rhetorisch-textgliedernd und expressiv. Sprachen wie das Chinesische, in denen die Tonhöhenbewegung auf lexikalischer Ebene distinktiv ist, zwei identische Phonemsequenzen also je nach Tonhöhenbewegung verschiedene Bedeutung haben, nennt man Tonsprachen. Intonation und Wortbetonung *(stress)* bilden die wichtigsten Untersuchungsgegenstände der suprasegmentalen (also über das einzelne Lautsegment oder Phonem hinausgehenden) Phonologie.

intransitiv (intransitive): Verben, die kein Objekt bzw. keine prädikative Ergänzung zu sich nehmen, sind intransitiv, z.B. *I'm sleeping*. Viele Verben können, mitunter mit mehr oder weniger auffälligen Bedeutungsunterschieden, sowohl transitiv als auch intransitiv verwendet werden: *I'm surviving* vs. *I barely survived the accident.*

Introspektion (introspection): Gewinnung und Überprüfung linguistischer Beschreibungsdaten durch Rückgriff auf das eigene muttersprachliche Sprachgefühl.

Isoglosse (isogloss): auf einer Landkarte eingetragene Linie, die die Verbreitung eines Dialektmerkmals angibt. Wo mehrere Isoglossen auf engem Raum zusammenkommen, liegt eine meist auch für Laien erkennbare Dialektgrenze vor.

Kasus (case): Kategorie der Nominalflexion, die Hinweise auf die grammatische Funktion einer Nominalphrase im Satz gibt. Das Englische unterscheidet bei Substantiven nur mehr zwei Kasus, nämlich *common case* und *genitive.* In neueren linguistischen Theorien wird der Begriff auch loser verwendet, nämlich zur Bezeichnung der semantischen Rolle, in der jemand/etwas an der Verbalhandlung teilnimmt. Der „Dativ" etwa bezeichnet in solchen Modellen diejenige personale Größe, die von einer Verbalhandlung betroffen ist, etwa *ihm lief die Frau weg/his wife walked out on him.* In diesem weiteren Sinn hat natürlich auch das Englische einen Dativ, auch wenn er, wie hier, morphologisch als Präpositionalphrase erscheint. Der Plural des Worts ist *Kasus,* nicht – horribile dictu – **Kasi.*

Kausativkonstruktion (causative construction): komplexe grammatische Konstruktion, die ausdrückt, daß jemand oder etwas eine Situation herbeiführt bzw. jemand anderen dazu bringt, etwas zu tun. Kausativität wird in vielen Sprachen morphologisch (durch Flexion am Verb) ausgedrückt, im Englischen jedoch meist auf syntaktischem Wege: vgl. *they got us to work, they had us work(ing), they made us work* etc. Kausativität spielt auch in manchen Wortbildungsmustern eine Rolle, z.B. bei verbalen Bildungen auf *-ise/-ize*: vgl. *rationalise* (= „cause to become more rational").

Kohärenz (coherence): sinnstiftender inhaltlicher Zusammenhang zwischen den Sätzen einer Äußerung/eines Textes.

Kohäsion (cohesion): durch sprachliche Mittel, z.B. lexikalische Variation oder Konjunktionen, hergestellte formale Verbindung zwischen zwei Sätzen: vgl. z.B. *Al Capone knew that his power was threatened. The wily gangster reacted promptly.* Oder *The fridge did not work. Therefore, we had a chicken dinner from the hamburger place round the corner.*

Kollokation (collocation): Tendenz zu gemeinsamem Vorkommen von Wörtern, die sich weder logisch-sachlich noch grammatisch, sondern nur aus willkürlicher Konvention begründen läßt. Im Englischen sagt man z.B. *a flock of birds/sheep*, aber *a herd of cattle*, während *goats* beide Kollektivbezeichnungen zuläßt *(a flock/herd of goats).* Ein der Kollokation verwandtes Phänomen stellen feststehende Redewendungen *(idiomatic expressions, idioms)* dar, wie z.B. *to spill the beans on someone* („jemanden anschwärzen/verraten"). Hauptkriterium zur Unterscheidung ist, daß sich bei Kollokationen die Gesamtbedeutung eines Ausdrucks aus der Summe der Bedeutungen der Einzelwörter ergibt, bei *idioms* jedoch nicht. Siehe auch → *idiomatisch*, → *Phraseologismus.*

Kommunikation (communication): absichtsvolle Mitteilung von Bedeutungsinhalten. Sprachen sind wohl das wichtigste und differenzierteste Kommunikationsmedium menschlicher Gemeinschaften, doch kann Kommunikation durchaus auch über andere Kanäle stattfinden, zum Beispiel über Gestik und Mimik. Umgekehrt gibt es formale Aspekte von Sprachen, die nicht unmittelbar mit ihrer kommunikativen Funktion zusammenhängen.

Kompetenz (competence): nach Chomsky die Fähigkeit des muttersprachlichen Sprechers, die Zulässigkeit ihm vorgelegter Beispielsätze zu beurteilen, Zweideutigkeiten zu erkennen und beliebig viele weitere Sätze zu bilden oder zu verstehen; Gegensatz zur „Performanz" *(performance)*, bei der Faktoren, die nicht eigentlich sprachlicher Natur sind (z.B. Konzentrationsschwächen, Wortfindungsstörungen) zu Beeinträchtigungen der Kompetenz führen.

komplementäre Verteilung (complementary distribution): siehe → *Allophon.*

komplexer Satz (complex sentence): siehe → *Satz.*

Kompositum (compound word): Wort, das aus zumindest zwei freien Morphemen zusammengesetzt ist, also z.B. *bedroom*, *apple pie*, *to shortchange (someone).*

Konjugation (conjugation): siehe → *Flexion.*

Konjunktion (conjunction): Subordinierende oder unterordnende Konjunktionen *(subordinating conjunctions)* wie z.B. *daß/that* oder *obwohl/ although* leiten Nebensätze ein; koordinierende oder nebenordnende Konjunktionen *(co-ordinating conjunctions)* wie z.B. *and* oder *or* dienen der Verknüpfung von Hauptsätzen oder anderen syntaktisch gleichrangigen Elementen.

Konjunktiv (subjunctive): Flexionskategorie des finiten Verbs, im Kontrast zum Indikativ („Wirklichkeitsform") die „Möglichkeitsform". Im heutigen Englisch ist der *subjunctive* nur mehr in Relikten erhalten (z.B. *if I were you ...* neben indikativischem *if I was you* oder *they demand that we be prepared*). Im Deutschen wie im Englischen wird der Konjunktiv häufig mit Modalverben umschrieben: *sie verlangen, daß wir vorbereitet sein sollen/they demand that we should be prepared.*

Konnotation (connotation): siehe → *Denotation.*

Konsonant (consonant): Laut, bei dessen Artikulation der Luftstrom durch Verschluß oder Reibung behindert wird, also etwa /p/, /t/, /k/ oder /m/. Konsonanten lassen sich nach Artikulationsstelle, Artikulationsart und dem Kriterium der Stimmlosigkeit/Stimmhaftigkeit klassifizieren, /p/ also als ein stimmloser, an beiden Lippen gebildeter Verschlußlaut.

Konstituente (constituent): aufgrund semantischer oder formaler Kriterien ermitteltes Element einer komplexen syntaktischen Struktur. Die Fügung *the tourist had to wipe the toilet seat clean* z.B. läßt sich auf unkontroversielle Weise in die Nominalphrase *the tourist* und die Verbalphrase *had to wipe the toilet seat clean* zerlegen. Die Konstituentenstruktur der Verbalphrase hingegen ist problematisch: je nach Kriterien der Analyse können wir sie in ein zusammengesetztes Verb *wipe (something) clean* und das Objekt *the toilet seat* zerlegen oder in ein Verb *to wipe* und einen verblosen Satz *the toilet seat clean (= so that the toilet seat was clean)*. Siehe im übrigen → *Satzglied.*

Konversion (zero-derivation, conversion): Wechsel der Wortart ohne Änderung der Wortform, z.B. *petition* (Petition) → *to petition Parliament to redress an injustice*. Der erstgenannte englische Terminus beruht auf der Annahme, daß die Konversion durch ein Nullmorphem, d.h. ein Morphem ohne lautliche Realisation, herbeigeführt wird.

Korpus (corpus): Textsammlung, die zum Zwecke linguistischer Analyse erstellt wurde. Die meisten Korpora liegen heute in computerlesbarer Form vor. Ein bekanntes Korpus des modernen (britischen) Englisch ist das nach den Orten, an denen es erstellt wurde, so benannte Lancaster-Oslo/Bergen (LOB)-Korpus, das mit 500 je ca. 2 000 Wörter umfassenden Stichproben eine breite Palette geschriebener Textsorten erfaßt. Im Gegensatz zum Korpus des Möbelschreiners ist das linguistische Korpus neutral (*das*, nicht **der Korpus*), der Plural ist *Korpora* (engl. *corpora*).

Kreolsprache (creole): Sprache, die auf ein Pidgin oder eine Hilfssprache zurückgeht, die innerhalb einer Sprachgemeinschaft zur Muttersprache wurde. Im Gegensatz zu den oft stark reduzierten historischen Vorstufen sind Kreolsprachen im Prinzip anderen natürlichen Sprachen mit kontinuierlicher historischer Tradition an struktureller Komplexität und Ausdruckskraft gleichwertig. Der rasche Ausbau insbesondere der Grammatik in der meist kurzen (1–2 Generationen) Kreolisierungsphase stellt die Linguistik nach wie vor vor große Rätsel. Kreolsprachen entstanden vor allem im Gefolge des europäischen Kolonialismus in der Karibik und im ostasiatisch-pazifischen Raum.

langue (frz. „Sprache"): nach Ferdinand de Saussure das Sprachsystem einer spezifischen einzelsprachlichen Gemeinschaft, im Gegensatz zu seiner Realisierung im individuellen Sprechakt *(parole)* oder der allgemein-menschlichen übereinzelsprachlichen Sprachfähigkeit *(langage)*. Die *langue* bildet nach de Saussure den eigentlichen Beschreibungsgegenstand der Sprachwissenschaft.

Lautschrift (phonetic transcription): Schriftsystem, bei dem jeweils einem Laut ein (und nur ein) Schriftzeichen eindeutig zugeordnet wird, so daß die Lautgestalt einer Äußerung genau dargestellt werden kann. Übliche Rechtschreibsysteme (oder Orthographien) sind für diesen Zweck nur bedingt geeignet, da sie meist ältere Aussprachen konservieren. In vielen Sprachen reichen die Buchstaben des lateinischen Alphabets zudem nicht aus, um alle relevanten Lautkontraste zu erfassen. Die gebräuchlichste Lautschrift ist diejenige der IPA *(International Phonetic Association).*

Lexem (lexeme): In Analogie zu → *Phonem* und → *Morphem* gebildeter sprachwissenschaftlicher Begriff, der die kleinste distinktive Einheit im Wortschatz einer Sprache bezeichnet. Meist synonym mit dem alltagssprachlichen Begriff *Wort* verwendet, erlaubt der Terminus Lexem in manchen Fällen größere Präzision. So sind die Wörter *good*, *well*, *better* und *best* alle als Realisationsformen eines einzigen abstrakten Lexems darstellbar.

Lexikogrammatik (lexico-grammar): auf den Linguisten M.A.K. Halliday zurückgehende Begriffsbildung, die deutlich machen soll, daß es in der sprachlichen Realität keine klare Trennung zwischen Lexikon und Grammatik gibt.

Lexikographie (lexicography): Zweig der angewandten Sprachwissenschaft, der sich mit der Erstellung und Gestaltung von Wörterbüchern befaßt. Die Lexikographie überschneidet sich in vielen Bereichen mit der → *Lexikologie*, befaßt sich aufgrund ihrer praktischen Ausrichtung jedoch auch mit Problemen, die über die Linguistik im engeren Sinn hinausweisen (z.B. Kriterien für die Auswahl der in ein Wörterbuch aufzunehmenden Einträge, Reihung der verschiedenen Bedeutungen bei polysemen Einträgen etc.).

Lexikologie (lexicology): Beschreibung des Wortschatzes einer Sprache und seiner inneren Struktur.

Linguistik (linguistics): dt. auch Sprachwissenschaft; die wissenschaftliche Beschreibung natürlicher Sprachen. Zentrale Bereiche der Sprachwissenschaft sind die historisch-vergleichende Sprachwissenschaft *(historical-comparative linguistics)* – oft auch als diachrone Linguistik *(diachronic linguistics)* oder bei Offenheit gegenüber literarischen Fragestellungen als Philologie *(philology)* bezeichnet – sowie die synchron-deskriptive Linguistik *(synchronic-descriptive linguistics).* Die diachrone Linguistik erforscht die Geschichte von Sprachen und die durch Herkunft aus gemeinsamen historischen Vorstufen bestehenden regelhaften Beziehungen von Sprachen untereinander; die synchrone Linguistik beschreibt die Sprachen unabhängig von ihrer geschichtlichen Entwicklung als strukturelle Systeme, wie sie Sprechern zu einem bestimmten Zeitpunkt zum Ausdruck von Bedeutung und zur Kommunikation untereinander dienen. Weitere linguistische Teildisziplinen widmen sich dem Studium der regionalen und sozialen Sprachvariation (Dialektologie und Soziolinguistik, *dialectology and sociolinguistics*), dem Zusammenhang zwischen Sprache und Denken bzw. physiologischer Gehirntätigkeit (Psycholinguistik, *psycholinguistics*), der Nutzanwendung linguistischer Ergebnisse für die Praxis (angewandte Linguistik, *applied linguistics*), u.v.a.m.

Maxime (maxim of conversation): Der Philosoph H.P. Grice (1913–1988) geht davon aus, daß wir uns bei der Formulierung unserer eigenen Äußerungen ebenso wie bei der Interpretation der Äußerungen anderer von grundlegenden Handlungsanweisungen, den sogenannten Gesprächsmaximen, leiten lassen. Die Qualitätsmaxime *(maxim of quality)* besagt, daß wir normalerweise selber nur behaupten, was wir für wahr halten bzw. wofür wir ausreichend Beweise zu haben glauben und dasselbe auch von unseren Gesprächspartnern voraussetzen. Die Quantitätsmaxime *(maxim of quantity)* regelt die Menge der mitgeteilten Information. Wir informieren in dem für den jeweiligen Kontext angemessenen Umfang, d.h. eine alltagssprachliche Frage nach der Uhrzeit („Wie spät ist es?") wird weder mit „Nachmittag" noch mit „15 Uhr, 3 Minuten, 12 Sekunden und 9 Hundertstel Sekunden" beantwortet. Grice unterscheidet des weiteren die Relevanzmaxime *(maxim of relevance)* und die Maxime der Art und Weise *(maxim of manner)*. Jedes Gespräch, auch ein Streitgespräch, setzt auf struktureller Ebene also Kooperationsbereitschaft voraus.

Metapher (metaphor): Bedeutungsübertragung durch Verwendung eines Ausdrucks in einem Zusammenhang, in dem er in seiner wörtlichen Bedeutung nicht angemessen ist, z.B. *this crime cries out for revenge* oder *schreiendes Unrecht*.

Metonymie (metonymy): Ersetzung eines Begriffs durch einen Teilaspekt oder ein Attribut desselben, z.B. *we are several hands short* (für *we are several workers short*).

Minimalpaar (minimal pair): zwei Wörter, die sich in ihrer Bedeutung und in genau einem Sprachlaut unterscheiden, z.B. *cat – mat*. Siehe → *Phonem*.

Mittelenglisch (Middle English): die englische Sprache vom Ausgang des 11. Jahrhunderts bis ca. 1450.

Modalität (modality): Modalität umfaßt den sprachlichen Ausdruck von Graden der Wahrscheinlichkeit bzw. von Verpflichtung/Erlaubnis. Der Ausdruck von Modalität erfolgt im Englischen vor allem durch die sogenannten Modalverben, aber auch durch Adverbien und anderes. Vgl. zum Beispiel *she may be asleep*, *probably she's asleep*, *chances are she's asleep* als sprachliche Ausdrucksformen von Wahrscheinlichkeit; *you must wait, you're obliged to wait* als Ausdruck von Verpflichtung, usw.

Morphem (morpheme): kleinste bedeutungstragende sprachliche Einheit. Unterschieden werden freie oder lexikalische Morpheme einerseits und gebundene (Flexions- und Wortbildungs-) Morpheme andererseits. Das Wort *weaknesses* etwa stellt sich als eine Kombination dreier bedeutungstragender Elemente dar, nämlich des freien Morphems *weak*, des gebundenen Wortbildungsmorphems *-ness* und des ebenfalls gebundenen Flexionsmorphemes *-es* zum Ausdruck der grammatischen Kategorie des Plurals. Komplikationen der Aussprache aufgrund des Hinzutretens gebundener Morpheme an einen Wortstamm, z.B. *delete/deletion*, werden als Resultat „morphonologischer" Prozesse gedeutet.

Morphologie (morphology): sprachwissenschaftliche Teildisziplin, die sich der Beschreibung der Wortstruktur widmet.

Nasallaut (nasal): Vokal bzw. Konsonant, bei dessen Artikulation das Gaumensegel so gesenkt wird, daß Luft durch die Nase entweicht.

Nebensatz (subordinate clause): siehe → *Satz*.

Neologismus (neologism): neues Wort, d.h. Wortneubildung aus vorhandenen Bestandteilen oder vor kurzem aus einer anderen Sprache übernommenes Wort.

nichtfinit (nonfinite): Bezeichnung von Verbformen, die nicht nach Tempus und Person flektiert sind; siehe die Einträge zu → *gerund*, → *Infinitiv*, → *Partizip*. Nichtfinite Verbformen dienen zur Bildung zusammengesetzter Verbalphrasen *(is singing, has done)*, zur näheren Kennzeichnung von Nomina *(a sleeping child)* oder sind verbale Kerne von sog. nichtfiniten Nebensätzen (I hate *people interfering with me*).

nicht-restriktiver Relativsatz (non-restrictive/non-defining relative clause): siehe → *restriktiver Relativsatz*.

Nomen (noun): Im Englischen ist *noun* der normale Ausdruck zur Bezeichnung der Wortart Substantiv; im Deutschen wird *Nomen* teils als Synonym für *Substantiv* verwendet, teils als Oberbegriff für die beiden nominalen Wortarten Substantiv und Adjektiv.

Nomen agentis (agentive noun): vom Verb abgeleitetes Nomen, das den Ausführenden einer Handlung bezeichnet, also z.B. *cleaner* (von *to clean*).

Nominalphrase (noun phrase): syntaktische Struktur, die sich um ein Substantiv als Kern gruppiert: z.B. *my new coat*, *a recently retired friend of mine*, *the new one* (mit dem sog. *prop-word* oder Stützwort *one* als Kern); Nominalphrasen können auch durch Pronomina realisiert werden.

Norm (norm): im engeren Sinn die Standardform einer Sprache, wie sie in Grammatiken und Wörterbüchern kodifiziert ist und im formellen schriftlichen und mündlichen Sprachgebrauch gebildeter Sprecher in Erscheinung tritt; im weiteren Sinn die an den jeweiligen Kontext bzw. die jeweilige kommunikative Situation angepaßte Sprache.

Nukleus (nucleus): der Kern einer Tongruppe, d.h. diejenige betonte Silbe, auf der die Tonhöhenbewegung einsetzt.

Nullmorphem (zero-morpheme): ein Flexions- oder Wortbildungsmorphem, das ohne phonetische Substanz ist. Ein Nullmorphem, das das Adjektiv *black* in das Substantiv *(a) black* unwandelt, muß angenommen werden, um die Schlußfolgerung zu vermeiden, daß in *the blacks* das Plural-*s* unmittelbar an ein Adjektiv antritt.

Numerus (number): grammatische Kategorie der Nominal- und Verbalflexion zur Unterscheidung von Einzahl (Singular/*singular*) und Mehrzahl (Plural/*plural*).

Objekt (object): Satzglied, das als Ergänzung eines transitiven Verbs dient. Hat ein Verb zwei Objekte, wird zwischen direktem (= von der Handlung direkt betroffenem) Objekt und indirektem (= von der Handlung indirekt, etwa als Geschädigter oder Nutznießer betroffenem) Objekt unterschieden, z.B. *I bought my daughter* [indirektes Objekt] *a tricycle* [direktes Objekt]. Was ihre Form betrifft, können Objekte als Nominalphrasen, Präpositionalphrasen (= Präpositionalobjekte), nichtfinite oder finite Nebensätze realisiert sein: *he asked me, he asked for help, he asked me to help him, he asked that I should help him.*

onomasiologisch (onomasiological): Vorgehensweise in der Semantik, bei der von realen Gegenständen oder Sachverhalten ausgegangen wird, denen sprachliche Ausdrücke zugeordnet werden. Das umgekehrte Verfahren – Analyse des sprachlichen Ausdrucks und spätere Zuordnung zu außersprachlichen Gegenständen und Sachverhalten wird als semasiologisch bezeichnet.

Ortsangabe (adverbial of place): adverbiale Angabe, die den Ort einer Handlung, eines Geschehens oder Zustandes angibt: *I wear this tee-shirt on the beach, it is rather humid outside.*

Passiv (passive [voice]): Ein Satz mit einem transitiven Verb kann ins Passiv umgeformt werden, indem das Objekt des aktiven Satzes zum Subjekt des passiven Satzes und die Verbform entsprechend verändert wird. Vgl. z.B. *the soldiers burned the house* → *the house was burned by the soldiers.*

Philologie (philology): im weiteren Sinn wissenschaftliche Beschäftigung mit der Literatur und Sprache eines bestimmten Kulturraumes (z.B. Englische Philologie, Romanische Philologie); im engeren Sinne: von der detaillierten sprachlichen Analyse schriftlicher, besonders mittelalterlicher und/oder literarischer Texte ausgehende wissenschaftliche Studien.

Bestimmte Aspekte des philologischen Arbeitens (z.B. Herausgabe von Texten, Handschriftenkunde u.ä.) gehen über das rein Sprachwissenschaftliche hinaus. Im Englischen wird der Begriff *historical-comparative philology* zudem häufig im Sinne von historisch-vergleichender Sprachwissenschaft/Indogermanistik gebraucht.

Performanz (performance): siehe → *Kompetenz.*

Phonem (phoneme): bedeutungsunterscheidender Sprachlaut. Anhand von Minimalpaaren (z.B. *cat – mat*) läßt sich prüfen, ob es sich bei zwei Lauten einer Sprache um Phoneme handelt. Siehe auch → *Allophon.*

Phonetik (phonetics): Beschreibung der Lautgestalt menschlicher Sprachen als physisches Phänomen, zum Teil mit Hilfe von technischen Aufzeichnungsinstrumenten und naturwissenschaftlichen Methoden. Unterschieden wird dabei zwischen drei Herangehensweisen, nämlich der artikulatorischen Phonetik *(articulatory phonetics)*, die sich mit der Bildung der Sprachlaute befaßt, der akustischen Phonetik *(acoustic phonetics)*, deren Gebiet die Messung des Sprachschalls ist, und der auditiven Phonetik *(auditory phonetics)*, die sich der Wahrnehmung der Laute durch den Hörer widmet.

Phonologie (phonology): Beschreibung der Laute menschlicher Sprachen als kleinste Einheiten der Sprachstruktur. Im Mittelpunkt des Interesses steht nicht die möglichst genaue physikalisch-naturwissenschaftliche Beschreibung eines Lautes, sondern seine Funktion als bedeutungsunterscheidendes Element (siehe → *Phonem*) im Sprachsystem.

Phonotaktik (phonotactics): Beschreibung der möglichen Phonemkombinationen in einer Sprache. Die Lautfolge /sr/ etwa ist sowohl im Englischen als auch im Deutschen am Wortanfang nicht belegt.

phrasal verb: im Englischen äußerst produktive Kategorie von Verben, die aus einem verbalen Kern und ein oder zwei Präpositionen oder adverbialen Partikeln bestehen, z.B. *to put (someone) up* (= „accommodate") oder *put up with (someone/something)* (= „tolerate"). Im Gegensatz zu lockeren Folgen von Verben und Präpositionen/Adverbien verhält sich ein echtes *phrasal verb* in grammatischen Tests wie eine lexikalische Einheit: vgl. *I ran down the hill/*the hill was run down by me* gegenüber *the car ran down the cyclist/the cyclist was run down by the car*, wo sich *run down* genau so wie das Einwortverb *hit* verhält.

Phraseologismus (idiomatic expression, collocation): Sammelbezeichnung für Wortgruppenlexeme (z.B. *take advantge of*, *difficult-to-use* [wie in *a difficult-to-use dictionary*]), fest etablierte Kollokationen (z.B. *need something badly*) und feststehende Redewendungen (*to face the music* [= „die Suppe auslöffeln"]). Siehe auch → *Kollokation.*

Pidgin (pidgin): improvisierte Behelfssprache. Pidgins haben einen im Vergleich zu natürlichen Sprachen stark reduzierten Wortschatz, grammatische Struktur ist nur in Ansätzen vorhanden. Sie entstehen vor allem im Rahmen informeller Kontakte zwischen Menschen, die über kein gemeinsames Verständigungsmittel verfügen. Siehe → *Kreolsprache.*

Plural (plural): siehe → *Numerus.*

Polysemie (polysemy): ein Sonderfall semantischer Mehrdeutigkeit. Polysemie liegt vor, wenn sich die einzelnen Bedeutungen eines Wortes auseinander ableiten bzw. auf eine gemeinsame Komponente zurückführen lassen: z.B. *glass* (= Materialbezeichnung, „Trinkglas", „Fernglas"). Von Homonymie spricht man, wenn zwei unverbundene Bedeutungen lautlich zusammenfallen (z.B. *can* „können", „Dose"). Diese Unterscheidung ist zwar theoretisch sinnvoll, in der Praxis aber nicht in jedem Fall eindeutig durchzuführen.

Prädikat (predicate): verbaler Kern des Satzes. Der Satz *the caretakers have been able to find you a chair* zerfällt in zwei unmittelbare Bestandteile *(immediate constituents)*, nämlich die Nominalphrase *the caretakers* und die Verbalphrase *have been able to find you a chair.* Als Prädikat bezeichnet man gewöhnlich den verbalen Kern der Verbalphrase, in unserem Beispiel also *have been able to find.*

prädikative Ergänzung (complement): im Gegensatz zum Objekt eine Ergänzung des Prädikatsverbs, die keine neue Größe in die Verbalhandlung einführt, sondern eine bereits genannte näher bestimmt. Man unterscheidet prädikative Ergänzungen des Subjekts *(subject complements)* – z.B. *they are fools, they are stupid* – und prädikative Ergänzungen des Objekts *(object complements)* – z.B. *she called them fools, she called them stupid.*

Präfix (prefix): siehe → *Affix.*

Pragmatik (pragmatics): linguistische Teildisziplin, die sich der Untersuchung der regelhaften Aspekte des Sprachgebrauchs widmet.

Präposition (preposition): Wortart, die vor allem zur Kennzeichnung des Verhältnisses von Prädikatsverb und Nominalphrasen bzw. von mehreren Nominalphrasen zueinander dient. Typische Präpositionen sind *at, on, in.* Daneben gibt es zusammengesetzte Präpositionen wie *in spite of.* Entgegen dem Namen folgen einige „Prä-"positionen ihrem Bezugswort *(hours ago)* oder umschließen es *(for heaven's sake).*

Präpositionalphrase (prepositional phrase): syntaktische Struktur, die durch eine Präposition eingeleitet wird, also etwa *into trouble* oder *after several hours of waiting.* Präpositionalphrasen fungieren typischerweise als Objekte *(talk to you)* oder adverbiale Angaben *(leave because of the noise)* oder dienen zur näheren Bestimmung von Substantiven *(a book about Ireland).*

präskriptiv (prescriptive): Ziel einer präskriptiven Grammatik ist nicht die Beschreibung des tatsächlichen Sprachgebrauchs, sondern die Formulierung von Regeln für gutes, d.h. dem gebildeten Prestigestandard entsprechendes Reden und Schreiben. Ein Beispiel für eine präskriptive Regel im Deutschen ist die Empfehlung, das Verb in einem *weil*-Satz nicht an zweiter Stelle im Satz zu verwenden, also zu sagen *er ist früher gegangen, weil er schon müde war* und nicht *er ist früher gegangen, weil er war schon müde*. Natürlich ist aber auch die zweite Fassung unter muttersprachlichen Sprechern des Deutschen weithin üblich und müßte daher in einer deskriptiven Grammatik akzeptiert werden.

Produktivität (productivity): Produktiv sind jene Wortbildungsmuster, nach denen auch heute noch neue Wörter gebildet werden können, also etwa die Ableitung von Adjektiven aus Verben mit Hilfe des Morphems *-able* (vgl. *to xerox* → *xeroxable*). Die Bildung von Substantiven aus Adjektiven mit Hilfe des Morphems *-th (warm* → *warmth)* dagegen ist nicht mehr produktiv.

Pronomen (pronoun): Wortart, die alle Elemente umfaßt, die an die Stelle von Nominalphrasen treten können oder auf diese verweisen, also Personalpronomina *(personal pronouns)*, Fragepronomina (*interrogative pronouns*, z.B. *who*, *what*, *why* etc.), Demonstrativpronomina *(demonstrative pronouns)*, Possessivpronomina *(possessive pronouns)*, Reflexivpronomina *(reflexive pronouns*, z.B. *myself* etc.*)*, Indefinitpronomina *(indefinite pronouns*, z.B. *somebody/someone)* und Relativpronomina *(relative pronouns)*. Elemente, die nicht die Nominalphrase insgesamt ersetzen, sondern Teil von ihr sind – wie z.B. das Possessivpronomen *my* in *my car* oder das Indefinitpronomen *any* in *at any price*, werden in der neueren englischen Grammatik meist nicht als Pronomina, sondern als *determiners* bezeichnet. Formen, die über eine Nominalphrase hinausgehende Satzteile ersetzen oder wiederaufnehmen, z.B. *do so* in *everybody else has finished their papers, and you should do so, too*, werden als Pro-Formen *(pro-forms)* bezeichnet.

Prototypensemantik (prototype semantics): Als semantischer Prototyp wird ein typischer Vertreter aus einer Klasse von Objekten bezeichnet, auf die sich ein Begriff bezieht. Ein Apfel, nicht jedoch eine Tomate, könnte als Prototyp der Kategorie *fruit* gelten. Die Prototypensemantik steht im Gegensatz zur Merkmalssemantik, die davon ausgeht, daß die Bedeutung von Wörtern durch Aufzählung einer endlichen Liste von Inhaltsmerkmalen exakt beschrieben werden kann, und ist ihr überall dort überlegen, wo unscharfe Grenzen und fließende Übergänge zwischen Begriffen dargestellt werden müssen.

Received Pronunciation (R.P.): Auf südostenglischer Grundlage entstandener, heute jedoch überregional verbreiteter Aussprachestandard des britischen Englisch. In bezug auf Grammatik und Vokabular spricht man von *standard English*. Während eine R.P.-Aussprache fast immer mit Standardvokabular und -grammatik einhergeht, ist der Umkehrschluß nicht zulässig: *standard English* kann z.B. auch in schottischer oder irischer Aussprache realisiert werden.

Referenz (reference): Beziehung zwischen dem sprachlichen Ausdruck und dem Gegenstand, den er bezeichnet.

Regionalakzent (regional accent): regionale Aussprachevariante einer Sprache, die im Gegensatz zu traditionellen Regionaldialekten in Grammatik und Vokabular kaum vom Standard abweicht; Umgangssprache.

Register (register): situationsspezifische oder funktionsspezifische Varietät einer Sprache, z.B. „informal/conversational English" oder „the English of cricket reportage".

Relativsatz (relative clause): ein nicht vom übergeordneten Verb oder Satz, sondern von einem Substantiv einer Nominalphrase abhängiger Nebensatz, z.B. *whom you talked to* in *the man whom you talked to.* Finite Relativsätze werden meist durch Relativpronomina *(who/which, that)* eingeleitet. Besonders im Englischen sind nichtfinite Relativsätze sehr häufig, z.B. *toys for children to play with* o.ä.

restriktiver Relativsatz (restrictive/defining relative clause): ein Relativsatz, der Zahl oder Art der Gegenstände, auf die sich das vorangehende Substantiv bezieht, einschränkt, z.B. *all those students who wish to take the final exam this year* (d.h. nicht alle Studenten, sondern nur diejenigen, die die Schlußprüfung ablegen möchten); in nicht-restriktiven Relativsätzen ist dies nicht der Fall: *my wife, who is a historian* (d.h. unter der Annahme einer Einehe ist der eindeutige Bezug schon in *my wife* gegeben). Restriktive und nichtrestriktive Relativsätze unterscheiden sich im Englischen in ihrer Intonation, in der Zeichensetzung und in einer Reihe grammatischer Merkmale.

Rhema (rheme): siehe → *funktionale Satzperspektive.*

Rückbildung (back-formation): Wortbildungsverfahren, bei dem eine ursprünglich nicht vorhandene Grundform konstruiert wird. Das englische Verb *edit* z.B. wurde aus *editor* rückgebildet, weil das *-or* als Schreibvariante des Ableitungsmorphems *-er*, wie es in *baker, singer* etc. vorliegt, interpretiert werden konnte.

Satz (sentence, clause): Im Englischen empfiehlt sich die systematische Unterscheidung zwischen Satz in seiner umgangssprachlichen Bedeutung *(sentence)* und Satz in seiner fachsprachlichen Bedeutung als Bezeichnung einer meist um einen verbalen Kern gruppierten grammatischen Einheit *(clause)*. Hat ein Satz nur einen verbalen Kern, liegt ein sogenannter einfacher Satz *(simple sentence)* vor. Sätze, in denen zwei oder mehrere einfache Sätze koordiniert werden, heißen Satzverbindungen *(compound sentences)*, Sätze, die zumindest einen unselbständigen, untergeordneten Satz (Gliedsatz, Nebensatz, *embedded clause, subordinate clause*) enthalten, sind Satzgefüge *(complex sentences)*. Die drei Kategorien exemplifiziert in der Reihenfolge ihrer Erwähnung: 1) *I'm falling asleep*, 2) *I'm slaving away, but he's sitting in front of the stupid box*, 3) *while I'm slaving away, he's sitting in front of the stupid box* oder *I would like you to persuade her to join us for dinner tonight* – mit mehrfacher Einbettung nichtfiniter Objektsätze.

Satzglied (constituent): unmittelbarer Bestandteil eines selbständigen oder unselbständigen Satzes *(clause)*. Satzglieder lassen sich durch Ersetzungs-, Umstellungs-, Frage- und Umformungsproben ermitteln. In *I read a book about the customs of some native tribes in New Guinea* ließe sich fragen, ob *in New Guinea* ein eigenständiges Satzglied, nämlich eine adverbiale Bestimmung des Ortes, ist oder ein Teil einer sehr langen Objektsnominalphrase. Wenn erstere Analyse zutreffen soll, so muß *in New Guinea* ohne wesentliche Bedeutungsveränderung an den Anfang des Satzes gestellt werden *(in New Guinea I read a book about the customs of some native tribes)*, mit Hilfe von *where* erfragt und durch ein Lokaladverb wie *there* ersetzt werden können; zudem muß es durch einen Spaltsatz fokussierbar sein *(it was in New Guinea that I read a book about ...)* – um nur einige der gebräuchlicheren Testverfahren zu illustrieren. Das englische *constituent* kann in einem weiteren Sinne zur Bezeichnung der Bestandteile nicht nur des Satzes, sondern jeder anderen grammatischen Struktur, z.B. einer komplexen Adjektivphrase wie *extraordinarily well done*, verwendet werden.

Satzstellung (constituent order): die Stellung der Satzglieder im Satz, ungenau auch als Wortstellung *(word order)* bezeichnet. Das grundlegende Prinzip der englischen Satzstellung im einfachen Satz ist, daß das Subjekt vor dem Prädikat, das Objekt nach ihm erscheint (SVO), das der deutschen die Zweitstellung des finiten Verbs *(verb-second)*.

Semantik (semantics): Teildisziplin der Linguistik, die sich die Beschreibung der Wortbedeutung sowie der kontextunabhängigen Aspekte der Satzbedeutung zum Ziel setzt.

semasiologisch (semasiological): siehe → *onomasiologisch*.

Semiotik (semiotics): Zeichentheorie; Lehre von der Bedeutungsvermittlung durch Zeichensysteme. Die Sprachwissenschaft beschäftigt sich mit dem komplexesten aller menschlichen Zeichensysteme und stellt daher den zentralen Bereich der Semiotik dar. Neben der Sprache kann jedoch jedes andere Zeichensystem – von graphischen Symbolen bis zu Kleidungsmoden und Frisurstilen – Gegenstand semiotischer Untersuchung werden, sofern in ihm Botschaften und Inhalte vermittelt werden.

silbischer Konsonant (syllabic consonant): Während die meisten Silben einen Vokal als Kern haben, können in bestimmten Fällen auch Konsonanten silbischen Wert haben, z.B. das /l/ in *simple.*

Singular (singular): siehe → *Numerus.*

soziale Variable (social variable): sprachliche Struktur, die mit der sozialen Stellung eines Sprechers korreliert. In New York City etwa nimmt die Wahrscheinlichkeit, daß das sogenannte postvokalische /r/ in Wörtern wie *hard* und *car* artikuliert wird, mit dem sozialen Status eines Sprechers zu.

Soziolekt (sociolect): Sprachvarietät einer bestimmten sozialen Klasse, Gruppe oder Schicht; die systematische Trennung von regionaler (Dialekt) und sozialer sprachlicher Variation (Soziolekt) ist zwar pädagogisch sinnvoll, läßt sich in der Praxis jedoch oft nicht in aller Schärfe durchführen, weil viele, besonders großstädtische Dialekte von Mittel- und Oberschichtsprechern gemieden werden.

Soziolinguistik (sociolinguistics): Teildisziplin der Linguistik, die sich mit den schichtspezifischen Aspekten des Sprachgebrauchs beschäftigt.

Spaltsatz (cleft sentence): syntaktische Konstruktion, durch die eine Konstituente hervorgehoben wird, indem sie vom Rest des Satzes abgespalten wird: vgl. *I met my cousin Angela in Paris* und *it was in Paris that I met my cousin Angela.* Weder ein Teil einer Konstituente noch mehr als eine Konstituente gleichzeitig können auf diese Weise hervorgehoben werden, weshalb der „Spaltsatztest" herangezogen werden kann, um festzustellen, ob es sich bei einem Teil eines Satzes um eine Konstituente handelt oder nicht: vgl. **it was my cousin that I met Angela in Paris* und **it was my cousin Angela in Paris that I met.*

Sprache (language): im Sinne der Linguistik das System der Lautsymbole und Regeln zu ihrer Verknüpfung, das in menschlichen Gemeinschaften zum Zwecke der Verständigung gebräuchlich ist.

sprachliches Zeichen (linguistic sign): Das Wesen des sprachlichen Zeichens besteht in der Zuordnung einer Lautgestalt (nach Saussure *signifiant*) zu einer Bedeutung (nach Saussure *signifié*). Diese Zuordnung ist arbiträr, d.h. es besteht z.B. kein kausaler Zusammenhang zwischen der Lautfolge /haus/ und der Bedeutung „meist mehrstöckiges Gebäude, das Menschen Unterkunft bietet". Sobald die Zuordnung innerhalb einer Sprache jedoch etabliert ist, ist sie für die Mitglieder der betreffenden Sprachgemeinschaft bindend.

Sprechrhythmus (speech rhythm): im Deutschen und Englischen in erster Linie durch die Abfolge betonter und unbetonter Silben bewirkt.

Standard (standard): überregional gültige Prestigenorm einer Sprache; verbreitet durch den schriftlichen und formell-mündlichen Sprachgebrauch gebildeter Sprecher, Massenmedien etc.; kodifiziert durch Beschreibung in Wörterbüchern und Grammatiken.

Standard American English: die vor allem über Medien und durch den Sprachgebrauch gebildeter Sprecher verbreitete Normvariante des amerikanischen Englisch; neben dem britischen Standard mit R.P.-Akzent der zweite auch im Unterricht für Anderssprachige weithin anerkannte Standard.

Stil (style): in der literaturwissenschaftlichen Tradition sprachliche Charakteristika eines bestimmten Textes bzw. Autors; im sprachwissenschaftlichen Sinn Anpassung der Sprache an die Sprechsituation, etwa durch Reduzierung oder Steigerung des Grades der Formalität (z.B. gehobener vs. umgangssprachlicher Stil).

stimmhaft (voiced): Laute, bei deren Artikulation die Stimmbänder *(vocal cords)* vibrieren, sind stimmhaft. Das sind alle Vokale und viele Konsonanten. Konsonanten, bei denen dies nicht der Fall ist, sind stimmlos. Durch Anlegen eines Fingers an den Kehlkopf läßt sich die Aktivität der Stimmbänder leicht überprüfen. Flüstern ist nicht nur leises, sondern vor allem stimmloses Sprechen.

stimmlos (voiceless): siehe → *stimmhaft.*

Subjekt (subject): im Deutschen wie im Englischen notwendige Ergänzung jedes finiten Verbs. Das Subjekt stimmt mit dem Prädikatsverb im Numerus überein *(he takes – they take)* und erscheint im Nominativ, was sich im Englischen nur mehr bei Personalpronomina zeigt. Semantisch korreliert das Subjekt mit der Rolle des Handelnden *(agent)*, ohne daß jedes einzelne Subjekt nun tatsächlich die Rolle des Agens ausdrücken müßte.

Subjektsatz (subject clause): ein Subjekt, das als finiter oder nichtfiniter Nebensatz realisiert ist: *that he has apologised is gratifying; to realise my mistake took me some time.* Die meisten Subjektsätze erscheinen aufgrund ihrer Informationsschwere am Satzende, was als Extraposition *(extraposition)* bezeichnet wird: *it is gratifying that he has apologised, it took me some time to realise my mistake.*

Substandard (substandard): vom Standard abweichende regionale oder soziale Varietät einer Sprache; nicht-wertend auch als „Nichtstandard *(nonstandard)*“ bezeichnet.

Substantiv (noun): siehe → *Nomen.*

Substrat (substrate): durch Eroberung bzw. Assimilation verdrängte oder zumindest sozial diskriminierte Sprache, die dennoch Einfluß auf die in ihrem ehemaligen Verbreitungsgebiet entstehende Variante der neuen Sprache hat. In den englischen Dialekten Irlands, Schottlands und Wales ist z.B. mit keltischen Substrateinflüssen zu rechnen. Erfolgt der Einfluß von „oben“, d.h. durch eine Sprache mit höherem Sozialprestige, spricht man von Superstrat. Die meisten modernen europäischen Sprachen z.B. sind vom Latein als Superstrat geprägt. Ein Adstrat ist eine Sprache, die ohne erkennbare soziale Differenzierung neben einer anderen in Gebrauch ist und diese beeinflußt.

Substitutionstest (substitution test): grammatisches Testverfahren, bei dem der Status einer Struktur identifiziert werden soll, indem sie durch eine einfachere ersetzt wird: z.B. *I hate people messing with me* → *I hate that;* da *people messing with me* durch *that* ersetzt werden kann, hat es die Funktion eines (satzwertigen) Objekts.

Suffix (suffix): siehe → *Affix*.

synchron (synchronic): sprachwissenschaftliche Betrachtungsweise, bei der sprachliche Strukturen als Teil eines zu einem bestimmten Zeitpunkt funktionierenden Systems beschrieben werden, siehe dagegen → *diachron*. Die Unterscheidung in synchron und diachron vorgehende Sprachwissenschaft geht auf Ferdinand de Saussure zurück.

Synonym (synonym): bedeutungsgleiche Wörter werden als Synonyme bezeichnet; typisch für natürliche Sprachen ist nicht die volle Synonymie, sondern weitgehende Ähnlichkeit in der Grundbedeutung gepaart mit stilistischen, konnotativen und kleineren inhaltlichen Differenzen, wie sie z.B. in *loneliness* vs. *solitude* vorliegt.

Syntax (syntax): Lehre von den grammatischen Beziehungen der Wörter und Satzglieder im Satz. Alle Sprachen verwenden im wesentlichen vier Strategien zum Ausdruck syntaktischer Beziehungen: 1) Flexion, 2) grammatische Funktionswörter, 3) Satzstellungsregeln, 4) Intonation. Sie unterscheiden sich nach dem Ausmaß, in dem sie von den einzelnen Strategien Gebrauch machen.

synthetisch (synthetic): siehe → *analytisch*.

Tempus (tense): grammatische Kategorie des Verbs, die das Verbalgeschehen zeitlich situiert. Die Zusammenhänge zwischen den grammatischen Tempora und den drei psychologisch erfahrbaren Zeitstufen „Vergangenes“, „aktuelle Gegenwart“, „Zukunft“ sind alles andere als eindeutig, was schon allein aus der Tatsache erhellt, daß sowohl das Englische als auch das Deutsche mehr als drei Tempora aufweisen.

Text (text): im engeren Sinne eine inhaltlich zusammenhängende schriftliche Sprachäußerung von unterschiedlichster Länge; im weiteren

Sinn auch für inhaltlich abgeschlossene gesprochene Äußerungen oder Gesprächssequenzen verwendet.

Textlinguistik (textlinguistics/discourse analysis): sprachwissenschaftliche Teildisziplin, die sich mit der Beschreibung von sprachlicher Strukturierung jenseits der Satzgrenze befaßt.

Textsorte (text type): eine durch sprachliche und inhaltliche Merkmale von anderen Texten unterscheidbare Klasse von Texten, z.B. Wetterberichte oder Arzt-Patienten-Gespräche.

Thema (theme): siehe → *funktionale Satzperspektive.* Im Gegensatz zum → *Rhema,* der neuen Information, jener Teil eines Satzes oder einer Äußerung, der im jeweiligen Kontext als gegeben vorausgesetzt wird.

Tongruppe (tone group): Grundeinheit bei der Analyse der Intonation.

Tonhöhenbewegung (pitch movement): Einteilungskriterium für Tongruppen; die Tonhöhenbewegung setzt bei der den Hauptton tragenden Silbe ein.

transitiv (transitive): Verben, die (mindestens) ein Objekt zu sich nehmen können, sind transitiv.

Typologie (typology): im Gegensatz zur Klassifikation nach historischer Herkunft die Einteilung der Sprachen nach gemeinsamen formalen Merkmalen. Die besten typologischen Modelle sind diejenigen, die es ermöglichen, aus einem oder wenigen grundlegenden Unterschieden viele weitere abzuleiten. In jüngster Zeit diskutiert werden vor allem Wortstellungstypologien, bei denen die Sprachen der Welt nach der jeweils grundlegenden Abfolge von Subjekt, Prädikat und Objekt eingeteilt werden.

Übergeneralisierung (over-generalisation): Ausdehnung eines regelhaften Bildungsmusters auf Fälle, für die es nicht geeignet ist; Übergeneralisierung ist ein typisches Phänomen der Kindersprache (vgl. **goed* für *went*) und der Sprache fremdsprachiger Lerner *(*I avoid to eat that* für *I avoid eating that).*

Umlaut (umlaut, i-mutation): in älteren germanischen Sprachen (z.B. im frühen Altenglisch) nachweisbarer Lautwandel, bei dem ein /i/ oder /j/ der Folgesilbe zu einer Aufhellung des vorangehenden betonten Vokals führte. Die durch den Umlaut entstandenen Unregelmäßigkeiten in Flexionsparadigmen wurden – wie im modernen Englischen – bis auf wenige Reste (z.B *mouse – mice, foot – feet*) beseitigt oder – wie im Deutschen – mit sekundären grammatischen Funktionen (z.B. bei der Kennzeichnung des Plurals) aufgeladen und ausgebaut.

Universale (linguistic universal): in allen Sprachen der Welt vorhandenes Element oder Strukturprinzip; von implikativen Universalien *(im-*

plicational universals) spricht man dort, wo Wenn-Dann-Aussagen der folgenden Art möglich sind: „Wenn in einer Sprache das Demonstrativpronomen dem Substantiv folgt, so folgt auch der Relativsatz dem Substantiv" – eine Generalisierung, die bisher noch nicht widerlegt worden zu sein scheint und die von vier logisch möglichen Abfolgen von Substantiv, Demonstrativpronomen und Relativsatz genau eine a priori ausschließt. Man beachte den Sprachgebrauch im Deutschen: *das sprachliche Universale/die sprachlichen Universalien.*

Variation (linguistic variation): Wandelbarkeit lebender Sprachen – diachron in der Zeit oder synchron nach sozialer, regionaler Herkunft bzw. Gruppenzugehörigkeit des Sprechers oder nach Kommunikationssituation.

Varietät (variety): eine regional oder sozial ausdifferenzierte Spielart einer Sprache. Betreffen die Charakteristika in erster Linie die Aussprache, spricht man von Akzenten *(accents)*, sind darüber hinaus auch das Vokabular und die Grammatik betroffen, von Dialekten oder Soziolekten *(dialects, sociolects).*

Verb (verb): Wortklasse, die – zumindest im Englischen und Deutschen – als Träger der Tempusmarkierung fungiert und im typischen Fall zum Ausdruck von Tätigkeiten, Vorgängen oder Zuständen dient.

Verbalphrase (verb phrase): grammatische Struktur, die ein Verb und die von ihm unmittelbar abhängigen nominalen Konstituenten umfaßt. Der Satz *naturally, I did not want to talk about this* zerfällt demnach in das Satzadverb *naturally*, die Nominalphrase *I* und die Verbalphrase *did not want to talk about this* (die wiederum in das verbale Prädikat und die Präpositionalphrase *about this* aufgespalten werden kann).

Vokal (vowel): Laute, bei deren Artikulation der ausströmende Luftstoß nicht durch Verschluß oder Reibung behindert wird.

Vokaltrapez (vowel chart): graphische Darstellung der Vokalphoneme einer Sprache nach der Zungenstellung, die für ihre Artikulation erforderlich ist (vgl. p. 16 für das Englische).

Volksetymologie (folk oder popular etymology): historisch unhaltbare semantische oder morphologische Analyse eines Wortes. Das Wort *penthouse* etwa geht über viele Zwischenstufen, aber dennoch nachweisbar auf *appendix* zurück; die Deutung der letzten Silbe als *-house* ist daher spätere volksetymologische Interpretation durch Laien, denen dieser Zusammenhang nicht mehr bewußt war.

Wort (word): siehe → *Lexem*, → *Morphem*, → *Kompositum.*

Wortart (part of speech): seit der Antike gebräuchliche traditionelle Einteilung der Wörter in Substantive, Adjektive, Pronomina, Artikel, Verben, Adverben, Präpositionen und Konjunktionen. Diese Einteilung beruht auf einer Reihe formaler, inhaltlicher, aber auch intuitiver Kriterien. Obwohl einzelne Wortklassen, z.B. die Zahlwörter, nicht eindeutig zuordenbar sind, ist die traditionelle Wortartenklassifikation in ihren Grundzügen nach wie vor akzeptiert.

Wortbetonung (stress): im Gegensatz zur variablen Satzbetonung, die sich nach inhaltlichen Kriterien richtet (vgl. *shé is talking to you* gegenüber *she is talking to yóu*) ist die Wortbetonung in mehrsilbigen Wörtern meist festgelegt. Wie die anderen germanischen Sprachen zeigt das Englische in seinem Grundwortschatz eine Tendenz zur Betonung der Stammsilbe *(stánd, understánd, understándable, understánding)*, während der Wortton in vielen aus den romanischen Sprachen entlehnten Wörtern beweglich ist *(phótograph, photográphic, photógrapher)*.

Wortfeld (lexical field): Menge teilweise synonymer Wörter, die sich gegenseitig in ihrer Bedeutung definieren und zusammen einen inhaltlichen Gegenstandsbereich vollständig abdecken. Die Bedeutung des Einzellexems muß also nicht ausschließlich durch den oft schwierigen direkten Verweis auf außersprachliche Referenzobjekte definiert werden. Ein Beispiel für ein Wortfeld bieten die englischen Verben des Lachens/Lächelns: *smile, grin, sneer, snigger, snicker, laugh, guffaw* etc.

Zeitangabe (adverbial of time): adverbiale Angabe zum Hinweis auf den Zeitpunkt oder die Dauer des verbalen Geschehens, z.B. *I read Oliver Twist in eight hours* oder *I read Oliver Twist last year*.

Register